TERASING!
DI NEGERI SENDIRI

Pramoedya Ananta Toer
dalam perbincangan dengan
Andre Vltchek dan Rossie Indira

ANDRE VLTCHEK & ROSSIE INDIRA

BADAK MERAH SEMESTA
2016

TERASING! – DI NEGERI SENDIRI
Pramoedya Ananta Toer dalam perbincangan dengan
Andre Vltchek dan Rossie Indira

Diterbitkan pertama kali oleh KPG (Kepustakaan Populer Gramedia) – 2006
dengan judul: Saya Terbakar Amarah Sendirian! Pramoedya Ananta Toer
dalam perbincangan dengan Andre Vltchek dan Rossie Indira

Penulis: Andre Vltchek, Rossie Indira
Desain Sampul: Rossie Indira
Photo Sampul: Andre Vltchek
Tata Letak: Rossie Indira

Cetakan pertama, 2016

Penerbit: PT. Badak Merah Semesta
Jl. Madrasah Azziyadah 16, Klender, Jakarta
http://badak-merah.weebly.com
email: badak-merah-press@gmail.com

ISBN: 978-602-73543-3-3

DAFTAR ISI

PENGANTAR

Di dalam buku perbincangan dengan Pramoedya Ananta Toer ini, Andre Vltchek dan Rossie Indira menyampaikan kepada kita suara sastrawan Indonesia paling terkemuka, penulis novel "Tetralogi Buru" yang terkenal di dunia,[1] dan seorang yang berdiri di puncak dunia sastra Indonesia. Pram, demikian dia biasa dipanggil, di dalam buku ini berbicara dengan sikap tanpa tedeng aling-alingnya yang khas menanggapi penindasan historis, politis, dan tak manusiawi sebagai orang yang mengalami sendiri, berpendirian teguh, dan bersemangatkan kemanusiaan. Apa yang dikatakan oleh Pram sangat menyentuh perasaan dan bahkan terkadang sangat menyedihkan. Mengikuti kisah hidupnya, mulai dari sebagai penulis yang ditahan Pemerintah Belanda pada akhir 1940-an sampai masa pengasingannya di Pulau Buru di bawah rezim Orde Baru, kita akan tercengang mengetahui bahwa penulis Indonesia terbesar ini masih menggambarkan kehidupannya sekarang ini sebagai "terasing di negeri sendiri".

---

[1] "Tetralogi Buru" terdiri atas Bumi Manusia, Anak Semua Bangsa, Jejak Langkah, dan Rumah Kaca

Setelah bertahun-tahun mendekam di penjara dan diasingkan di Pulau Buru – menyusul serentetan peristiwa 1965 – Pram masih menjadi tahanan rumah, suaranya dibungkam, dan buku-bukunya diberangus sampai rezim Orde Baru jatuh pada 1998. Baru sejak itu buku-bukunya yang pernah terbit dan dilarang di masa Orde Baru dapat dinikmati di Indonesia secara bebas. Di luar negeri, terjemahan karya-karyanya semakin banyak tersedia. Pada 1999, setelah lebih 30 tahun dicekal, dia berkeliling Amerika Serikat dan Eropa, dimana dia disambut sebagai "suara perlawanan yang tak lagi dibungkam". Media massa Indonesia maupun internasional seringkali menyebut Pram sebagai penulis Indonesia terbesar. Dan, satu berita baru-baru ini menggambarkan Pram sebagai penulis yang puas dengan hidupnya dan berdamai dengan dunia. [2]

Jika demikian halnya, bagaimana gerangan kehidupan Pram sekarang ini bisa disebut sebagai "terasing di negeri sendiri"?

Pernyataan-pernyataan Pram di dalam buku ini memberikan jawaban yang panjang atas pertanyaan tersebut, dimulai dan diakhiri dengan komentar bahwa dia masih merasa terbakar amarah sendirian ketika memikirkan soal Indonesia, yang disebutnya sebagai "kebakaran sendiri" (hal. 14, 140, 144). Kemarahannya yang terpendam terungkap dalam perbincangan mengenai tudingannya terhadap masyarakat yang

---

[2] M. Taufiqurrahman, "Pramoedya Now Lives Peaceful, Venerable Life", *Jakarta Post*, 11 Februari 2005.

konsumtif, merajalelanya korupsi, hancurnya kebudayaan, dan amnesia sejarah. Hal-hal bobrok ini tentu saja tidak hanya terjadi di Indonesia; bahkan sifar-sifat mencolok ini, yang disebut oleh Pram sebagai korupsi dan pembusukan masyarakat Indonesia, memperlihatkan dampak yang khas globalisasi. Walaupun demikian, perlu dicatat di sini, Pramoedya tetap menimpakan kesalahan terbesar kepada Indonesia sendiri. Pembaca Indonesia mungkin sulit menerima pedasnya kritik Pram ini, sementara pembaca non-Indonesia di luar negeri mungkin dengan mudah mengabaikan pentingnya kritik itu bagi belahan dunia lain. Namun baik untuk orang Indonesia maupun orang asing, suara Pram mesti didengar, karena dia berbicara tentang hal-hal yang mendesak, sebagaimana diungkapkan dalam seluruh tulisannya, tentang saling hubungan yang merusak antara Indonesia dan dunia. "Apa yang bisa saya katakan tentang dunia?" tanya Pram menjelang akhir perbincangan di dalam buku ini, ketika dia menanggapi pertanyaan tentang perasaan terasing di negeri sendiri. "Kita hampir tidak tahu apa-apa tentang dunia, dan dunia tidak tahu tentang Indonesia" (hal. 143). Pernyataan ini bermakna ganda atas pengertian Pram tentang "terasing di negeri sendiri".

Kelugasan dan kemendesakan suara Pram dalam karya-karya sastranya – baik dalam bahasa Indonesia maupun terjemahan – secara khas menampilkan perpaduan antara pengalaman pribadi dan aspek politis serta historis pengalaman tersebut. Misalnya, awal cerita "Blora" menggambarkan otobiografi dan narasi orang pertama dengan memanggil nama penulisnya di dalam tahanan Belanda (Bukit Duri), lokasi yang menjadi latar belakang karya pertama Pram yang diterbitkan ("Voorman kembali dari kantor kamp dan berteriak, 'Pram!' Aku juga berteriak, menyahut. Dan dia meneruskan, 'Kau dibebaskan.'" [3]. Suara Pram di dalam buku ini tentu saja tidak bisa disejajarkan dengan gaya narasi karya-karya sastranya. Namun, bagaimanapun juga, ada kaitan di antara keduanya. Seperti ditulis oleh Goenawan Mohamad dalam kata pengantar terjemahan buku Pram, *Tales from Djakarta: Caricatures of Circumstances and Their Human Beings*, prosa-prosa Pramoedya "melibatkan pembacanya dalam suatu perbincangan terus menerus, membangun konteks berdasarkan pemaknaan pengalaman mengenai Indonesia." [4) Konteks itu telah berubah beberapa kali secara drastis, dan Pram telah menyesuaikan diri terhadap perubahan-perubahan itu, yang membuat seluruh karyanya menjadi sumbangan yang sangat penting dan berarti bagi sastra dunia: mulai dari masa nasionalisme antikolonial revolusioner ("Blora" berasal dari masa ini) sampai masa akhir

---

[3] "Blora" diterjemahkan ke dalam bahasa Inggris oleh Harold Merrill, Indonesia 53, April 1992, hlm 51-64. Cerita ini pertama kali terbit dalam terjemahan bahasa Belanda di *Orientatie* 26, November 1949, dan dalam bahasa Indonesia dalam kumpulan cerpen *Subuh: Tjerita-tjerita pendek revolusi* (Djakarta: Jajasan Pembangunan, 1950)

[4] Pramoedya Ananta Toer, *Tales from Djakarta: Caricatures of Circumstances and Their Human Beings* (Ithaca, NY: Southeast Asia Program Publications, 1999), hlm. 9

1950-an dan masa kekecewaan terhadap upaya pembentukan watak bangsa pascakolonial (masa *Cerita dari Jakarta*, yang terbit pertama kali pada 1957) serta, setelah bencana 1965, masa terpuruknya nasionalisme revolusioner dan awal terbentuknya Orde Baru (masa tulisan-tulisan Pram sebagai pembangkang di Pulau Buru, dan yang paling terkenal adalah "Tetralogi Buru"). Sepanjang masa itu Pram terus menerus melibatkan pembacanya dalam perbincangan tentang pengalaman Indonesia, bahkan ketika dia terputus dari pembacanya (sebagimana terpantul pada catatan-catatan dari tahanan dengan judul sangat menggugah, yang sebagian diterjemahkan ke dalam bahasa Inggris, *Nyanyi Sunyi Seorang Bisu*). Kisah upaya Pram melibatkan pembacanya itu – terutama kisah pengasingan Pram dari pembacanya di Indonesia pada masa rezim Orde Baru – membuat perbincangan di dalam buku ini, yang berlangsung pada Desember 2003 – Maret 2004, semakin penting, sekalipun mempersukar tanggapan kita. Kalau Pram sejak 1965 sudah terpaksa bicara dengan pembacanya yang terputus dari dia, maka tanggapan kita sekarang terhadap suara Pram di dalam buku ini, sebagai pembaca orang Indonesia maupun non-Indonesia, perlu disesuaikan dengan putusnya hubungan tersebut, ketika kita memahami tekanan pengertian Pram tentang "terasing di negeri sendiri", dan ketika kita coba mempertimbangkan saling hubungan yang merusak antara Indonesia dan dunia.

Dalam konteks inilah kita dapat menimbang arti penting konsistensi kritik Pram yang bersifat pribadi, politis, maupun sastrawi terhadap

Jawanisme, bahwa "taat dan patuh pada atasan"-lah yang "akhirnya menjurus kepada fasisme" (hal. 59). Kritik-kritik itu merentang panjang, mulai dari pertanyaan-pertanyaan yang sangat pribadi (misalnya, tentang hubungan dengan keluarganya) sampai pertanyaan mengenai bahasa, politik, dan sejarah (sejarah Jawa, Indonesia, dan dunia); semua itu mendapat tempat penting di dalam karya-karyanya. Misalnya, bagaimana kita memahami tudingan Pram mengenai "tidak adanya kehausan akan ilmu pengetahuan" di Indonesia saat ini? Tudingan ini muncul sebagai kritik terhadap keluarganya sendiri: "Anak dan cucu saya tidak mau membaca suratkabar. Saya tidak pernah mengerti mengapa hal ini bisa terjadi... Mereka tidak lagi punya budaya membaca, mereka lebih senang menonton televisi... Tidak punya keinginan utnuk menambah ilmu." (hal. 77). Hal ini tentu bukan hanya suara seorang kakek yang mengeluhkan fakta bawa cucu-cucunya selalu terpaku di depan pesawat televisi – walaupun itu dikatakannya juga. Lebih daripada itu, kritik itu berpangkal pada pengalaman pribadi dan sejarah mengenai apa yang menjadi taruhan dalam "budaya membaca".

Salahlah bila kita menyamakan keluhan ini dengan budaya konservatif yang mengutuk timbulnya erosi budaya "adiluhung" akibat terkontaminasi budaya "rendahan". Gagasan Pram tentang sastra adalah antitesis *belle-lettristic*, sebagaimana dia mengeluhkan – sebagai contoh – bahwa suratkabar sebagai medium budaya membaca telah disingkirkan oleh medium televisi. Pilihan Pram menggunakan televisi sebagai simbol budaya konsumtif mungkin disebabkan oleh sejarah yang panjang dan pengetahuannya tentang teknologi lebih daripada yang terlihat di dalam buku ini. Di dalam *Nyanyi Sunyi Seorang Bisu*, Pram mengingat bagaimana pada awal Perang Dunia II dia berjuang untuk memperoleh gelar dari Sekolah Kejuruan di Surabaya – dimana dia harus mempersiapkan ujian praktek menggambar dan dia membuat "bagan televisi, yang waktu itu belum dikenal umum".[5] Pelatihan di sekolah kejuruan tersebut, yang terputus akibat perang, merupakan masukan bagi karya-karyanya kemudian, sebagai penulis yang selalu berusaha menciptakan sarana komunikasi.

Antipati Pram terhadap kebiasaan menonton TV bukan hanya keluhan seorang kakek, melainkan juga dapat dilihat sebagai bagian kritik yang lebih luas terhadap orang Jawa yang tidak "produktif" – "yang mereka tahu hanyalah bagaimana mengkonsumsi" (hal. 65). Kontras antara produksi dan konsumsi serta antara media cetak dan televisi, betapapun juga, tidak mengaburkan makna bahwa menulis – dan terlebih, menulis dalam bahasa Indonesia – bagi Pram lebih merupakan sarana komunikasi daripada sekadar pencapaian estetik; sebagai bagian perjuangan yang terus-menerus untuk melibatkan pembacanya dalam perbincangan tentang pengalaman Indonesia.

Ketika pada akhir 1950-an dan awal 1960-an

5 Pramoedya Ananta Toer, *The Mute's Soliloquy: A Memoir* (New York: Hyperion East, 1999), hlm. 149

kekuatan sastra Pram lebih mengarah kepada sejarah, dia menerbitkan kembali artikel-artikel dan cerita-cerita dari akhir abad ke-19 dan awal abad ke-20 (di dalam lembaran budaya "Lentera", di dalam biografi Kartini dan Tirto Adi Suryo, dan di dalam antologi "Pra-sastra Indonesia", Tempo Doeloe, yang diterbitkan kemudian pada 1982). Upaya melakukan rekonstruksi sejarah dan menciptakan budaya membaca yang baru bagi orang Indonesia merupakan inti novel "Tetralogi Buru", yang membuat nama Pram terkenal di dunia internasional. Ketika Pram berbicara tentang budaya membaca orang dapat menghubungkan-nya dengan makna kehilangan yang mendasari "Tetralogi Buru": pemusnahan – menyusul serentetan kejadian 1965 – penahanan Pram, serta penyitaan dan penghancuran naskah-naskahnya (seperti dibicarakan di dalam buku ini); karena itulah hilangnya catatan sejarah awal nasionalisme Indonesia dijadikan bentuk fiksi di dalam "Tetralogi Buru". Pra-kondisi budaya membaca, seperti ditunjukkan oleh Pram sepanjang perbincangan ini, adalah budaya menyimpan catatan sejarah. Hal ini dapat dilihat dari rencananya menyelesaikan "ensiklopedia Negara Kepulauan Indonesia" (hal. 98), sesuatu yang sering dikatakan oleh Pram di masa lalu. [6] Meskipun sebagai tujuan tampak tidak bisa terwujud ("tapi saya juga tidak bisa menyelesaikan proyek ini"), proyek ini semata-mata bukanlah

---

[6] Dan disebutkan pula dalam artikel M. Taufiqurrahman di *Jakarta Post* sebagaimana telah dirujuk.

proyek idealistik. Walaupun belum jelas bagaimana gerangan wujud ensiklopedia tersebut nantinya, kita dapat membayangkan empat jilid Kronik Revolusi Indonesia (1999), yang disunting oleh Pram bersama Koesalah Soebagyo Toer dan Ediati Kamil, sebagai contoh. Di dalam buku ini dihimpun secara kronologis kejadian-kejadian dari 1945 sampai 1948.

Hal-hal yang bersifat pribadi, politis, dan historis yang menimbulkan rasa "terasing di negeri sendiri" di dalam diri Pram hanya menyisakan sedikit hiburan. Sekalipun demikian, kemampuan Pram menyuarakan apa yang membuatnya "kebakaran sendiri" sungguh-sungguh merupakan gugatan: tentu saja, dan terlebih, sebagai gugatan agar kita menakar posisi Indonesia di dunia sekarang ini.

Apa yang disebut oleh Pram sebagai Jawanisme bukan hanya terpantul pada keadaan Indonesia sekarang ini, tetapi juga pada usahanya yang tak henti-hentinya mengkaji ulang makna-makna dokumen sejarah yang menyangkut Indonesia. Visi ini bukan main luasnya, meliputi seluruh abad ke-20 dan guncangan global yang bersejarah akibat pengalaman dekolonisasi abad itu, dan tentang hal-hal inilah karya Pram sebagai keseluruhan merupakan "testamen" kesusastraan berpandangan baru (paradigmatic literary). Menulis kembali akar-akar nasionalisme Indonesia serta konsekuensi langsung pengalamannya di dalam proses dekolonisasi, nasionalisme antikolonial revolusioner, dan di bawah cengkeraman kekecewaan pascakolonial terhadap pembangunan bangsa, karya-karya Pram membawa kita lebih jauh lagi ke belakang, bukan hanya ke abad ke-19, melainkan sampai ke abad ke-16, sebagaimana tampak dalam novel sejarahnya yang panjang, *Arus Balik*. Novel ini pertama kali terbit pada 1995 dan belum diterjemahkan ke dalam bahasa Inggris. Visi sejarah Pram menggapai lebih jauh lagi, ke abad ke-13, sebagaimana tampak dalam novel sejarahnya yang lain, *Arok Dedes*. Novel ini ditulis oleh Pram di Buru, tapi belum terbit di Indonesia sampai 1999, dan (lagi-lagi) belum diterjemahkan ke dalam bahasa Inggris. Seperti halnya "Tetralogi Buru", kedua novel tersebut merupakan usaha Pram – sebagaimana disebut oleh Goenawan Mohamad – melibatkan pembacanya dalam perbincangan yang terus-menerus tentang Indonesia. Hal ini termasuk juga kritik lamanya tentang "Jawanisme", yang dikatakan oleh Ben Anderson sebagai "berhadapan langsung" dengan bentuk-bentuk kaku warisan Jawa-nya. [7] Ada karya Pram yang belum sampai ke tangan pembacanya, dan karena itu kita belum bisa menilai secara menyeluruh kesuksesan Pram dalam memahami kembali "Jawanisme", Indonesia, dan sejarah dunia. Namun, bagaimanapun juga, ada hubungan langsung antara makna "terbakar" yang disampaikan oleh Pram dari rasa "terasing di negeri sendiri" di dalam perbincangan ini dan

---

[7] "Bahasa Indonesia Pramoedya adalah benteng kebudayaan yang berhadapan langsung dengan warisannya." Lihat Benedict Anderson, *Language and Power: Exploring Political Cultures in Indonesia* (Ithaca, NY: Cornell University Press, 1990), hlm. 219

suara yang konsisten berusaha melahirkan budaya membaca bagi orang Indonesia dan tentang Indonesia di dalam karya-karya sastranya yang terbaik.

Berkat Andre Vltchek dan Rossie Indira suara Pram dapat kita dengar dengan lantang dan jelas. Namun suara yang keluar ini tidak bisa dikatakan sebagai suara yang berdamai dengan dunia. Apa yang direkam di dalam buku ini adalah kelanjutan apa yang sudah ditulis oleh Pram di dalam buku-bukunya – sikap membangkang, menolak, menantang, tak kenal kompromi menyangkut kebebasan dan nalar, serta individualisme yang disebut dengan "Pramisme".

Oktober 2005

Chris GoGwilt[8]

---

[8] Professor bahasa Inggris dan perbandingan sastra di *Fordham University*. Bukunya yang telah terbit: *The Invention of the West: Joseph Conrad and the Double-Mapping of Europe and Empire* (1995) dan *The Fiction of Geopolitics: Afterimages of Culture from Wilkie Collinsto Alfred Hitchcock* (2000)

Pramoedya Ananta Toer: Tokoh Besar Yang Tidak Terlihat

Abad ke-20 ditandai dengan hampir tiada hentinya pesta terror dan kekerasan serta penipuan dan pengkhianatan. Setiap manusia di berbagai belahan dunia menyadari bahwa kebohongan yang diulang seribu kali pada akhirnya dapat menjadi kebenaran, bahwa pendudukan yang brutal dapat diartikan sebagai pembebasan, dan membunuh jutaan orang tak berdosa dapat dibenarkan oleh para pemimpin negara-negara adikuasa atau bukan adikuasa sebagai harga yang harus dibayar demi kemajuan kemanusiaan, peradaban, dan kepentingan nasional.

Jutaan orang lenyap di krematorium-krematorium, di kamp-kamp konsentrasi, di medan perang, ataupun di reruntuhan kota yang terkena bom.

Namun demikian, abad ke-20 tidak hanya diingat karena kebrutalannya saja. Di tengah-tengah penjarahan dan kesemrawutan, lahir manusia-manusia luar biasa yang berpendirian teguh dan terus melawan arus demi membela mereka yang teraniaya, mereka yang tersudut, dan para korban pemerintahan yang kejam dan sewenang-wenang. Manusia-manusia yang menentang demagogi, militerisme, dan kekuatan ekonomi dengan dua alat perlawanan terkuat yang dikenal manusia: Pengetahuan dan Kebenaran.

Banyak di antara mereka mati dalam proses ini, namun banyak pula yang bertahan hidup tapi menderita. Banyak yang menjadi simbol gerakan kemerdekaan dan perlawanan. Mereka bukanlah para nabi atau guru. Mereka hanyalah manusia-manusia pemberani yang tidak pernah menjadi fanatik. Seperti yang dikatakan oleh Albert Camus dalam bab terakhir bukunya, *The Plague*: "...(karena) tidak bisa menjadi orang suci, mereka akhirnya menjadi dokter."

Sementara seluruh benua dijarah dan orang-orang tak berdosa dibunuh atau dimasukkan ke penjara dan kamp-kamp konsentrasi, para lelaki dan perempuan yang memegang teguh prinsip ini, tanpa mengenal lelah, terus berusaha mengidentifikasi gejala-gejala penyakit jiwa, mendiagnosis penyakitnya, dan mencari obat penyembuhnya.

Mereka melawan kebohongan dengan kata-kata sederhana yang masuk akal, melawan mitos-mitos yang membahayakan dengan fakta-fakta, melawan fanatisme dengan kebenaran. Sebagian dari mereka menghadapi kegilaan ini dengan senyum sarkastik di bibir, sedangkan yang lain dengan ekspresi keras di wajah. Sebagian memberontak dan membela kebenaran dengan melayangkan tinju, yang lain melawan dengan suara lembut berbisik, namun merasuk ke dalam benak jutaan orang di seluruh dunia.

Mereka dilahirkan di Eropa dan Amerika, di Afrika dan Asia, di setiap penjuru dunia. Hampir semuanya dibesarkan dalam keluarga korban, tapi banyak pula yang merupakan anak-anak pelaku. Dari manapun asal mereka, pesan yang disampaikan sangat universal dan didasarkan pada satu prinsip: Manusia adalah setara tanpa perbedaan warna kulit atau ras, kebangsaan atau gender, status atau kekayaan.

Indonesia adalah suatu negeri kepulauan luas yang terdiri atas berbagai daerah, sukubangsa, dan bahasa yang dipersatukan setelah Perang Dunia II. Sebelumnya negeri ini dijajah dan diperas oleh kekuatan-kekuatan penjajah selama beratus-ratus tahun. Setelah awal yang membanggakan dengan niat berdiri sendiri, dan benar-benar merdeka hanya dalam waktu 20 tahun, Indonesia jatuh ke dalam teror kediktatoran militer setelah kudeta di tahun 1965.

Guru-guru dibunuh, studio film dan teater ditutup, bahasa Mandarin dan hampir segala simbol kebudayaan Cina dilarang. Ratusan ribu, bahkan mungkin jutaan orang kehilangan nyawa: Orang-orang komunis, orang-orang yang berpikitan maju, etnis minoritas, atau kaum ateis. Ketidaktoleransian politik, etnik, dan agama mencengkeram negeri ini, dan sejak itu kondisinya semakin memburuk.

Kemampuan orang berargumentasi, bertanya dan membandingkan, sudah hilang. Kreativitas dihancurkan dan didiskreditkan. Keanekaragaman tidak didukung. Bepergian ke luar negeri hanya milik elit politik dan ekonomi yang mendapatkan keuntungan dari Orde Baru dan Pasca-Orde Baru.

Pada akhirnya Indonesia mengalami kehancuran sosial; mayoritas penduduknya hidup dalam kondisi mengenaskan: Hampir semua tidak memperoleh air layak minum, banyak yang belum menikmati aliran listrik, dan lebih daripada setengah penduduk hidup dengan penghasilan kurang daripada dua dolar AS per hari. Dan, walaupun pada kenyataannya semua penduduk harus menganut salah satu agama, Indonesia menjadi bangsa yang tidak berperikemanusiaan dan brutal.

Kebenaran jarang sekali mengemuka; para seniman tunduk kepada aturan, dan media massa melakukan sensor sendiri.

Selama empatpuluh tahun ini, seorang laki-laki bersuara lembut dari Jawa tengah menulis berbagai buku, mencoba merumuskan inti dan sejarah bangsanya yang masih belia dan menderita. Dia menulis di penjara, di kamp militer, dan juga pada waktu menjadi tahanan rumah. Dia menulis dalam "pengasingan diri", dalam keadaan marah dan ngeri melihat situasi dan kondisi dunia di balik jendelanya. Banyak bukunya dibakar, dan yang selamat dari pembakaran dilarang beredar. "Menulis adalah tantangan pribadi saya terhadap kediktatoran," demikian dia berkata bertahun-tahun setelah itu. Seluruh karyanya memiliki tema dan pesan yang sama: "Penjajahan dan imperialisme, baik eksternal maupun internal, selalu salah. Kaum elit yang memperkaya dirinya sendiri dengan menjarah bangsanya sendiri berarti melakukan perbuatan tidak bermoral. Untuk menjaga martabat dirinya, seorang laki-laki harus berani melawan ketidakadilan."

Di negeri yang masih sangat muda dan banyak masalah, di mana sejarah dibelokkan dan dipasung, di mana kesatuan lebih didasarkan kepada ketamakan akan kekuasaan dan alasan-alasan geografis daripada cita-cita dan kebudayaan bersama, tidaklah heran bila suara terkeras perlawanan moral yang berusaha menyatukan bangsanya terhadap terror dan ketidakadilan tersebut datang dari penulis terbesar yang dimiliki negeri ini: Pramoedya Ananta Toer.

***

Kami bertemu Pram di rumahnya di Jakarta Timur pada Desember 2003. Pada waktu itu kami sedang mempersiapkan syuting film dokumenter kami, *Terlena: Breaking of a Nation*, yang berdurasi panjang. Film ini tentang pembunuhan dan penahanan kaum intelektual Indonesia setelah tragedi 1965. Pada waktu itu tujuan kami adalah meyakinkan Pram, novelis Asia Tenggara paling terkemuka, untuk berpartisipasi di dalam proyek film tersebut. Bagaimanapun, dia telah mendedikasikan hidupnya untuk membela cita-cita bangsa yang besar ini, dan dalam proses tersebut dia mengkritik aspek-aspek negatif yang ada. Dialah yang mengatakan bahwa rezim Soeharto adalah rezim yang korup secara moral. Pram melewatkan puluhan tahun hidupnya di dalam penjara, di kamp konsentrasi, dan menjadi tahanan rumah. Naskah-naskahnya dibakar oleh rezim Orde Baru dan buku-bukunya dilarang sampai 1999.

Kami sampai di rumahnya ditemani oleh dua orang wartawan muda Indonesia. Keduanya sangat senang dan antusias karena akan bertemu dengan sastrawan Indonesia paling terkemuka. Walaupun demikian keduanya juga khawatir dan terus-menerus bercerita bahwa mereka mendengar bahwa Pram sangat tidak sabaran, mudah meledak-ledak, dan bahkan sombong.

Kami harus menunggu paling tidak setengah jam sebelum bertemu Pram. Pada waktu kami menunggu itulah datang saudara laki-laki Pram. Dia tidak mau berbicara dalam bahasa Inggris, tapi kemudian dia berkata kepada saya dalam bahasa Rusia: "Tentu saja, sebagai orang Amerika, Anda tidak dapat berbicara bahasa Rusia sepatah katapun," katanya. "Apa sih yang sedang Anda kerjakan di sini?"

"Kami datang untuk meyakinkan kakak Anda untuk berpartisipasi dalam film dokumenter kami tentang peristiwa 1965," jawab saya dalam bahasa Rusia yang lugas. Dia sangat terkejut mendengarnya. Tapi kemudian dia tersenyum lebar, lantas duduk di depan saya dan mengisyaratkan bahwa kebekuan yang ada sudah mencair. "Baiklah kalau begitu," dia berkata. "Apakah saya bisa tawarkan vodka untuk Anda?" Saya terpaksa harus menolaknya karena hari masih terlalu pagi.

Beberapa saat kemudian Pram datang ditemani oleh istri dan beberapa anggota keluarganya. Dia terlihat sangat ringkih, belum bercukur, dan merokok kretek terus-menerus seperti cerobong asap.

Pendengarannya sudah kurang baik, sehingga kerap kali kami harus berteriak di dekat telinganya ketika mengajukan pertanyaan. Saya sudah berpeluh karena hari semakin siang, dan seperti rumah-rumah desa di Jawa, tidak ada penyejuk ruangan di rumah Pram.

Pram menanyakan beberapa hal kepada kami sampai akhirnya kami terlibat dalam pembicaraan tentang buku-buku karya Noam Chomsky, tentang *Z-Magazine*, dan tentang *World Social Forum*. Dia meminta saya menyampaikan salam dan terimakasihnya kepada Chomsky: "...untuk semua yang telah dilakukannya dalam mengungkapkan kebenaran tentang masa lalu Indonesia." Kemudian dia menanyakan usia Chomsky. "73? Wah, masih jauh lebih muda dibandingkan saya," katanya sambil tertawa.

Tidak terlihat kesombongan di raut mukanya. Dia malah begitu hangat, sarkastik, dan banyak tertawa serta bercanda. Wajahnya berubah-ubah terus, tapi sangat ekspresif. Seringkali ada jeda panjang dalam perbincangan kami, karena dia seolah membawa dirinya masuk ke dunia lain dalam kenangannya. Pada saat-saat demikian, dia akan memegang wajahnya yang belum bercukur, dengan rokok di tangan, dan mata yang difokuskan pada satu titik di dinding di hadapannya.

Ketika saya menanyakan pendapatnya tentang pers Indonesia, nada suaranya berubah: "Saya sering tidak sabaran kalau menghadapi mereka. Mereka datang ke sini dan menanyakan pertanyaan-pertanyaan bodoh... Mereka tidak tahu apa yang mereka bicarakan... Saya benar-benar tidak sabar kalau menghadapi mereka."

Dia dengan senang hati menerima tawaran kami untuk berpartisipasi dalam film kami, bahkan mengundang kami ke kediamannya di Desa Waringin Jaya, Bojong Gede, Bogor.

Setelah beberapa lama ekspresi wajahnya berubah lagi. Tiba-tiba dia kelihatan lebih tua dan lemah: "Kadang-kadang saya merasa sangat terisolasi. Saya hidup di dunia saya sendiri, dan hal ini seperti berada di pengasingan. Saya tidak tahu apakah orang masih ingin tahu apa yang sebenarnya saya pikirkan..."

Saya berkata kepadanya bahwa tentu saja mereka masih ingin mengetahui apa yang dipikirkannya, dan bawa mungkin ratusan ribu orang di seluruh dunia ingin membaca pikiran-pikirannya, terutama sekarang setelah bertahun-tahun dia tidak menulis lagi.

"Saya tidak akan pernah menulis lagi," katanya. "Saya tidak bisa. Saya tidak bisa menulis lagi. Buku terakhir saya hanyalah kumpulan surat-surat yang saya kirimkan bertahun-tahun lalu kepada beberapa tokoh-tokoh plitik dan budaya."

Tanpa banyak berpikir saya berkata,"Kalau begitu, mengapa kita tidak menulis buku bersama? Saya akan bekerja di Indonesia untuk beberapa bulan, bahkan mungkin untuk beberapa tahun. Mengapa kita tidak mencoba menuliskan kembali masa lalu Anda bersama-sama? Saya tidak terbebani dengan detail-detail. Kita dapat bersama-sama mencari apa sebenarnya yang menjadi inti permasalahan yang terjadi di negara Anda. Mengapa Anda tidak mengatakan apa yang selalu ingin Anda katakan dan belum pernah dikatakan?"

Saya sangat terkejut ketika ternyata dia tidak lama-lama berpikir. "Boleh saja," katanya. Namun demikian dia juga mengatakan kekhawatirannya apakah dia dan saya bisa bekerjasama. Kekawatirannya ini tentu saja tidak mengherankan karena Amerika Serikatlah yang menjatuhkan Soekarno dan menghancurkan Indonesia!

Sebelum kami meninggalkan rumahnya dia mengatakan bahwa sore itu dia akan segera berangkat ke Jawa Timur dengan menggunakan bis umum. "Saya ingin melihat Indonesia lagi." Dan ketika kami berjabatan tangan, hampir saja dia terjatuh karena kecapaian. Saya harus memapahnya ke tempat duduk, dan saya sangat terkejut menyadari betapa ringkihnya Pram.

Sewaktu kembali ke pusat kota Jakarta yang semrawut, baru kami menyadari betapa berat beban tanggungjawab yang ada di pundak kami. Kami harus membawa kata-kata dan pemikiran-pemikiran terakhir penulis *"Gadis Pantai"* dan *"Tetralogi Buru"* ke hadapan publik dunia ini; salah satu pendiri bangsa Indonesia dan seorang oposan yang berkomitmen melawan rezim Soeharto.

Tapi semua keraguan itu hilang dua bulan kemudian ketika kami duduk bersama Pram di ruang tengah rumahnya yang agak remang-remang dengan mengelilingi sebuah meja bundar. Dua alat perekam sudah berjalan, dan asap rokok kretek yang tidak henti-hentinya mengepul dari mulut Pram mewarnai aroma ruangan tersebut dan mengusap-usap langit-langit ruangan. Dia jarang melihat kearah kami. Kadang-kadang kami bahkan tidak yakin sendiri apakah dia sadar akan kehadiran kami. Kelihatannya dia mendengar

21

pertanyaan kami, tapi seolah-olah pertanyaan itu abstrak, datang dari sumber yang tidak terlihat. Pikirannya seperti berkelana ke masa lalu, ke Indonesia yang begitu berbeda kini. Kami seperti diajak masuk ke Indonesianya, suatu negeri impian yang sudah lenyap tak berjejak.

Hari-hari selama kami berbincang adalah hari-hari yang sulit dan seringkali menyakitkan. Hasil perbincangan itu, yang berlangsung dalam kurun waktu empat bulan, Desember 2003 – Maret 2004, kemudian kami susun sesuai dengan topiknya. Pram sudah sangat mudah lelah. Seringkali dia mengulang-ulang jawaban yang sama. Kalau membicarakan masa lalu, dia akan marah dan merasa frustasi. Kadang-kadang kami bisa melihat matanya berlinang airmata.

Kelihatannya semua harapannya kepada Indonesia sudah hancur. Pada suatu hari dia mengatakan bahwa masa penjajahan Belanda dan Jepang masih lebih baik daripada masa penjarahan membabi-buta yang dilakukan oleh kaum elit Indonesia. Pernyataan ini sangat mengagetkan, dan kami ingin memastikan bahwa kami mengerti dengan benar: Pernyataan ini sangat tidak disangka keluar dari mulut salah satu pendiri negara ini, atau datang dari seorang lelaki yang sangat membenci kolonialisme! Tapi Pram berkeras dengan pendapatnya tersebut: Jawanisme dan kolonialisme Jawa sudah bertindak jauh lebih brutal terhadap penduduk yang tinggal di negara kepulauan yang luas ini daripada yang dulu dilakukan oleh penguasa penjajah asing.

Dia merokok tanpa henti sambil minum teh. Dia menolak diberi label. Apakah dia Marxis? "Tidak, saya Pramis," jawabnya dengan suara yang meyakinkan. Dia tidak percaya agama (walaupun agama adalah salah satu-satunya topik yang bahkan dia sendiri tidak berani mengkritiknya secara terbuka di Indonesia); dan dia bukan anggota salah satu partai politik. Namun demikian dia mengatakan bahwa realisme sosialis masih merupakan bentuk karya sastra yang paling dekat di hatinya, dan bahwa sistem sosial yang paling adil dan paling berperikemanusiaan di dunia ini dapat dilihat pada masyarakat sekuler di Eropa sekarang ini, bukan di Asia ataupun di Amerika Serikat.

Jelas sekali bahwa dia ingin bicara, bahwa dia harus bicara, dan kami berada di sana untuk membantunya melepaskan beban yang bertumpuk dengan akumulasi pengetahuan dan kepedihan, yakni dengan mengajukan pertanyaan-pertanyaan yang selama puluhan tahun tabu untuk diajukan.

Dia berjuang demi Indonesia dan berupaya keras membangun negeri ini: Sebagai penulis, pemikir, ahli sejarah, dan jurnalis, sebagai warganegara. Cintanya untuk negeri ini diekspresikan melalui kerja keras dan perjuangannya, bukan melalui kata-kata kosong patriotisme yang rasis. Pram mengagumi Soekarno, tapi ketika minoritas Tionghoa terancam di bawah kekuasaan Soekarno, dia lebih memilih masuk penjara daripada tinggal diam. Ketika Indonesia roboh pada 1965, ketika militer melakukan aksi terror yang tidak terkendali dan jutaan penduduk ikut serta dalam pembersihan etnik dan agama, Pram – di kamp konsentrasi Pulau Buru – menulis beberapa novel terbaiknya, berusaha menjaga inti dan semangat kebebasan negeri yang baru merdeka pada 1945.

Sekarang ini dia tinggal dalam isolasi total, dalam "pengasingan diri". Mungkin ini karena Indonesia sudah kehilangan arah. Dalam waktu 40 tahun, dengan ekonomi pasar yang mendasar, propaganda yang sangat gencar, serta hancurnya kebudayaan dan intelektualisme, pikiran-pikiran Pram sangat menakutkan bagi orang yang memilih bersembunyi dari kebenaran. Pram adalah seorang tokoh besar yang tidak kelihatan di suatu negeri di mana penduduknya secara moral dan intelektual dikerdilkan sampai ke ukuran sekecil-kecilnya.

Walaupun demikian Indonesia pada akhirnya akan berubah. Mudah-mudahan hal ini segera terjadi! Ketakutan akan hilang, pertanyaan akan diajukan lagi, dan masyarakat akan berani memperjuangkan haknya. Kalau ini terjadi, rakyat Indonesia akan melihat kembali masa lalu orang-orang yang dulu berkeyakinan dapat membangun kembali negeri yang sudah terluka ini. Pada waktu itulah Pram akan menjadi, sekali lagi, seorang anak negeri sekaligus sebagai bapak bangsa; seorang yang mempunyai segunung kreativitas, integritas moral, humanisme, dan keberanian. Kembalinya Pram mengisyaratkan hidupnya kembali Indonesia.

Jakarta, 28 Oktober 2005

Andre Vltchek

Wawancara
di Jakarta

T: *Apakah Bung pernah menulis secara langsung tentang masa kediktatoran Indonesia dan apa dampaknya terhadap Bung dan orang-orang terdekat dengan Bung?*

J: Mengenai hal itu, saya hanya menuliskannya di dalam kumpulan surat-surat dan catatan, beberapa juga saya cantumkan dalam buku-buku saya. Semua hal itu memang berasal dari dalam diri saya sendiri. Namun demikian saya belum pernah menuliskannya secara langsung, hanya ada dalam ingatan saya saja.

T: *Apakah Bung pernah menerbitkan buku berbentuk Tanya-jawab?*

J: Belum pernah, bentuk seperti ini hanya digunakan dalam berbagai wawancara dengan saya – wawancara dengan majalah maupun surat kabar. Tapi saya sangat menyambut baik ide utnuk menulis buku seperti ini. Namun demikian, ada satu masalah yang mengganjal dalam penulisan buku ini dengan Anda. Anda berkewarganegaraan Amerika. Kejatuhan Indonesia seperti sekarang ini terutama disebabkan oleh Amerika Serikat. Di masa lalu, Indonesia sudah menetapkan caranya sendiri dalam melaksanakan pembangunan, seperti yang disampaikan oleh Presiden Soekarno. Dia adalah pemimpin sejati bangsa ini. Tapi apa yang dilakukan Amerika Serikat pada saat itu? Presiden AS pada saat itu, Presiden Eisenhower, memberikan perintah untuk menjatuhkan Soekarno! Yang saya tahu, di negara Anda masih banyak orang yang membenci Soekarno, karena walaupun dia juga merupakan produk kolonial, tapi jelas-jelas dia menentang kolonialisme, imperialisme, dan kapitalisme. Hal-hal seperti itulah yang membuat saya berpikir apakah kita bisa menulis buku ini bersama-sama. Namun di lain pihak, sewaktu saya berada di penjara dan kamp konsentrasi, saya banyak dibantu oleh orang-orang Amerika.

T: *Tapi justru hal itulah yang membuat kami ingin menulis buku ini dengan Bung. Kita harus menceritakan kebenaran tentang masa lalu kepada pembaca Bung di sini dan juga pembaca di negara-negara Barat.*

J: Ya, saya setuju sekali. Baiklah, mari kita coba menulis buku ini bersama-sama. Banyak yang ingin saya sampaikan. Masalah generasi muda dan mahasiswa-mahasiswa yang berhasil menggulingkan Soeharto, juga tentang masa-masa di mana orang diburu, dibunuh, dan dibuang ke laut. Saya tidak punya media dan tidak punya organisasi. Jadi bisanya, ya, cuma kebakaran sendiri! Kalau ada yang datang seperti Anda sekarang, kita bisa ngobrol. Saya bisa muntahkan semua unek-unek dan sumpah-serapah saya yang sudah menumpuk selama berpuluh-puluh tahun dalam diri saya.

Sebelum 1965:
Sejarah, Kolonialisme,
dan Soekarno

T: *Dapatkah Bung menjelaskan perbedaan negara yang Bung dan Soekarno cita-citakan dan perjuangkan kemerdekaannya dengan negara tempat Bung tinggal sekarang ini?*

J: Apa yang dulu kami cita-citakan dan perjuangkan dengan yang sekarang merupakan dua hal yang sangat bertolak-belakang. Cita-cita dahulu adalah keutuhan nasional dalam segala hal. Soeharto membuat semuanya rusak. Persekutuan antara Angkatan Darat dan Golkar (sekarang bernama Partai Golkar-ed.) melahirkan Orde Baru-yang bertanggungjawab atas pembunuhan kurang-lebih dua juta orang, walaupun jumlah yang tepat tidak diketahui sampai sekarang. Dan Soeharto naik menjadi pemimpin diawali dengan pembunuhan dua juta orang yang dilakukan oleh militer dan golongan Islam. Menurut pendapat saya, negara Indonesia sekarang ini dalam proses pembusukan. Tidak punya pemimpin. Sejak Soekarno dijatuhkan, sampai sekarang Indonesia tidak punya pemimpin. Bahkan generasi muda yang kita salut karena berhasil menurunkan Soeharto tidak mampu melahirkan seorang pemimpin, sampai sekarang! Indonesia berjalan tanpa arah sekarang ini.

T: Sebelum merdeka, apakah Bung mengharapkan Indonesia menjadi negara sosialis?

J: Soekarno dimusuhi oleh seluruh dunia Barat yang kapitalis. Dia sangat anti-kapitalisme. Memang, kami semua hanya berpikir tentang negara kesatuan Indonesia. Di kemudian hari, setelah kudeta yang dilakukan Soeharto, semua tujuan dasar itu menjadi bertolak-belakang, bahkan tidak jelas lagi mau dibawa ke mana negara ini.

T: Jadi setelah merdeka, negara ini dibentuk dengan dasar anti-kapitalisme?

J: Benar sekali, dan tentu saja sebagai akibatnya Indonesia menjadi korban kapitalisme internasional.

T: Dapatkah Bung menceritakan visi Bung untuk negara Indonesia? Apa saja harapan-harapan Bung ketika berjuang melawan penjajahan Belanda dan Jepang?

J: Saya dibesarkan dalam keluarga yang beraliran nasionalis kiri, yang tentu saja tidak setuju dengan sistem kolonial. Saya dididik dalam suasana ini. Apa yang kami impikan adalah sebuah negara merdeka dan demokratis. Itulah yang diajarkan kepada saya sejak kanak-kanak.

Pandangan-pandangan saya selalu cenderung beraliran kiri, yang berarti saya tidak mengekor pada kekuasaan, tetapi pada rakyat.

T: Seberapa sulitkah menyatukan suatu negara yang sangat luas, yang terdidi atas berbagai budaya dan bahasa? Dan apakah sekarang memang masih benar-benar bersatu?

J: Secara teori, dari sejak awal sudah merupakan persetujuan umum berbagai bangsa di area ini untuk bersatu, membentuk suatu negara kesatuan Indonesia. Waktu Soekarno memproklamasikan kemerdekaan, mereka langsung menyokong. Yang tidak bergabung pada awalnya hanyalah beberapa bangsa kecil yang belum dapat menyatakan keinginannya secara bebas, karena mereka masih di bawah pengaruh Belanda, seperti misalnya Maluku. Namun kenyataannya tidaklah sesederhana itu. Setiap bangsa mempunyai budaya yang berlainan dengan bangsa lainnya.

Problem terbesar dari sebuah negara baru adalah kurangnya pendidikan, bahkan kurangnya pemahaman akan pentingnya pendidikan. Individualitas tidak diajarkan dalam keluarga kita. Keberanian individual tidak pernah ada, kecuali di Aceh. Yang ada adalah semangat kelompok saja. Masyarakat kita berani hanya kalau mereka berada dalam satu kelompok. Hasilnya, ya, seperti yang banyak terjadi sekarang ini: tawuran desa lawan desa, kampung lawan kampung, pelajar lawan pelajar, bahkan tawuran mahasiswa lawan mahasiswa! Semua ini begini karena kurangnya individualitas dan kepribadian.

Padahal waktu saya masih remaja, sekolah fak (kejuruan) di Surabaya, sekolah fak diejek sama MULO dan AMS,[9] karena katanya bakal jadi tukang saja. Lantas suatu kali bertempur, di sebuah tempat yang sudah ditentukan, berhadapan, dan masing-masing kelompok menurunkan jagonya. Berkelahi. Yang kalah kasih salam pada yang menang. Itu yang tidak terjadi sekarang. Padahal dalam wayang, itu selamanya satu lawan satu.

Saya sudah berpikir lama sekali: mengapa Indonesia jadi begini? Mengapa bangsa ini hanya berani ketika berada dalam kelompok dan tidak punya individualias dan identitas? Hal-hal inilah yang menjadi kelemahan negara kita, kelemahan yang dapat membawa kita ke dalam kehancuran total.

Di dalam kehidupan keluarga di Indonesia sekarang ini, keluarga tidak mengajarkan anak-anaknya untuk berproduksi, mereka hanya diajarkan bagaimana mengkonsumsi saja. Hasilnya adalah rakyat tidak tahu lagi bagaimana cara berproduksi, hanya jadi kuli, jadi suruhan saja dalam hidupnya. Dan ketika mereka tidak bisa berproduksi, mereka berusaha dengan korupsi: membuat orang lain korupsi atau dirinya sendiri yang melakukan korupsi. Indonesia sekarang ini bersatu, tapi untuk hal-hal yang tidak benar, saya kira ini jawabnya mengapa Indonesia sekarang ini jadi begini. Benar atau tidak, saya tidak tahu.

---

[9] MULO (Meer Uitgebreid Lager Onderwijs), sekolah di masa Hindia-Belanda, setara dengan SMP sekarang ini, dan ditujukan bagi orang-orang Eropa/Belanda. Sementara itu AMS (Algemeene Middlebare School) setara dengan SMU.

T: *Apakah ada konsep kesatuan negara Indonesia pada awalnya?*

J: Konsepnya sudah dirumuskan oleh para pemuda dalam Sumpah Pemuda pada tahun 1928. Ini adalah garis pembentukan negara ini, dan golongan muda selalu yang menentukan nasib bangsa ini. Salah satu pahlawan yang terlupakan adalah Muhammad Yamin. Dia adalah salah satu pelopor Sumpah Pemuda, namun praktis tidak disebut namanya dalam sejarah.

T: *Apakah dampak kolonialisme terhadap identitas bangsa?*

J: Di Indonesia, bangsa-bangsa dari negeri Barat sudah mencari rempah-rempah sejak abad ke-16. Mereka tidak pernah beranggapan bahwa daerah ini mempunyai kebudayaannya sendiri – mereka menyebutnya India Timur atau kemudian menjadi Hindia-Belanda. Bahkan nama yang sekarang ini, Indonesia, berarti "Kepulauan India". Selama masa kolonialisme, bangsa Indonesia tidak pernah menjadi bangsa yang kuat dan mandiri – justru menjadi budak, terutama karena menganut Jawanisme, suatu kebudayaan yang pada akhirnya tersebar di seluruh daerah yang sekarang ini kita sebut Indonesia. Jawanisme menjadi sangat berpengaruh karena Jawa merupakan pusat pemerintahan kolonial.

Dari pengalaman pribadi saya, dampak dari kolonialisme ini adalah pada masa itu, bahkan saya rasakan sendiri juga, merasa minder terhadap bangsa lain dari Barat. Perasaan minder itu baru hilang di tahun 1953, delapan tahun setelah merdeka, terutama karena saya sudah bermukim di negeri Belanda dan punya pacar orang Belanda (*tertawa*). Tapi itu sejarah pribadi lho...

T: *Apakah hal ini umum dirasakan oleh orang Indonesia pada masa itu?*

J: Ya, saya rasa begitu, apa yang saya rasakan pada saat itu bukan hal yang aneh.

T: *Bagaimana dengan orang-orang yang tidak pernah pergi ke atau tinggal di luar negeri? Apakah mereka bisa menghilangkan perasaan mindernya?*

J: Kebanyakan sih tidak bisa menghilangkan rasa minder tersebut. Itu sebabnya mengapa sampai sekarang banyak orang yang kagum atas segala sesuatu yang berasal dari luar negeri: mereka selalu memilih barang luar negeri ketimbang bikinan dalam negeri sendiri. Yang membuat saya sedih adalah bahwa hal ini termasuk dalam penggunaan bahasa. Di sini, semakin bisa menguasai bahasa-bahasa (asing), semakin bangga rasanya. Hal ini berarti tidak mempunyai kepribadian,. Kita tidak bangga dengan diri kita sendiri.

T: *Apakah kolonialisme mengajarkan rakyat untuk menghargai dan takut kepada kekuasaan?*

J: Tidak! Hal itu sudah tertanam dalam kebudayaan Indonesia. Jawanisme cuma punya satu ajaran, taat dan setia kepada atasan. Itu sebabnya mengapa kita sangat rentan untuk dijajah. Pemahaman atas Jawanisme ini sangat penting untuk memahami kejadian yang kita alami setelah tahun 1965. Mengapa sampai sekarang tidak ada tuntutan atas peristiwa di tahun '65 itu? Karena kehendak atasan. Jawanisme. Sebenarnya topik ini sangat penting, dan saya ingin berbicara lebih banyak tentang hal ini nanti dalam buku ini.

T: *Seberapa brutalkah Belanda sewaktu menjajah Indonesia? Apakah ada hal positif yang datang dari mereka?*

J: Kebrutalan pada masa itu memang sudah biasa. Di lain pihak, bangsa Belanda memperkenalkan kepada bangsa Indonesia tentang kesetaraan, hukum, dan administrasi yang tidak pernah diketahui sebelumnya. Pada masa lalu, pribumi juga tidak pernah mengenal konsep kemanusiaan. Semua berasal dari luar. Kemudian pribumi mencoba memperkenalkannya di tahun 1945, selama dan setelah kemerdekaan, dengan lahirnya Pancasila: kemanusiaan yang adil dan beradab. Soekarno mengajarkan baik kemanusiaan maupun internasionalisme. Konsep yang kedua, internasionalisme, juga berasal dari luar.

T: *Pada waktu tinggal di Belanda, apakah Bung pernah merasa bahwa orang-orang Eropa mengerti bahwa mereka telah melakukan kesalahan terhadap Indonesia dan bangsa-bangsa lain yang mereka jajah?*

J: Tidak, saya rasa itu sudah semangat zaman penjajahan dan mereka tidak merasa bersalah.

T: Apakah Bung mengalami bentuk-bentuk rasisme selama berada di Eropa?

J: Ya, tentu saja. Ketika saya tinggal di negeri Belanda, saya selalu merasa bahwa orang Belanda itu bersikap menggurui saja. Pada akhirnya saya juga merasa jenuh dengan hal ini. Tidak peduli dengan siapa saya berbicara di sana, selalu ada perasaan bahwa mereka maunya menggurui saja, hanya karena saya berasal dari negara yang miskin dan dulu dijajah, sehingga saya merasa *minder*.

T: Ketika serdadu-serdadu Jepang datang ke Indonesia, mereka mengatakan bahwa mereka datang untuk membebaskan Indonesia dari penjajahan Barat. Banyak orang Indonesia menyambut pernyataan itu dengan tangan terbuka. Kemudian militer Jepang mulai melakukan kejahatan kekerasan dan perjuangan kemerdekaan muncul. Apa sebenarnya yang telah terjadi waktu itu?

J: Kata-kata yang diucapkan oleh imperialisme Jepang tentu saja berbeda dengan tindakannya. Saya mengalami sendiri sewaktu serdadu-serdadu Jepang itu lewat di depan rumah saya dengan menyeret serdadu-serdadu Australia yang kakinya dirantai. Kemudian lewat truk yang lain yang isinya mayat. Kemudian saya melihat serdadu Jepang yang melambai-lambaikan bendera merah putih dan bendera matahari terbit. Serdadu-serdadu imperialis ini membagikan selebaran yang mengatakan bahwa Jepang dan Indonesia berjuang bersama-sama, serta bahwa Jepang adalah saudara tua bangsa Indonesia. Mereka disambut dengan meriah. Namun jangan lupa bahwa pada tahun 1942 itu Jepang masih dalam posisi agresif dan posisi memenangkan perang.

Pada tahun 1943 banyak hal yang berubah, dan Jepang tiba-tiba menjadi pihak yang bertahan. Pada saat itu mereka harus mempertahankan sepanjang pantai Indonesia yang mereka duduki, tapi tidak cukup mempunyai serdadu untuk melaksanakan hal ini. Kemudian kita tidak lagi mendengar kata-kata bahwa mereka adalah saudara tua bangsa Indonesia. Dan selanjutnya mereka mulai merekrut orang Indonesia untuk bergabung dengan tentara mereka menjadi *heiho*.[10] Mereka mulai merampas makanan dan hasil panen dari petani, dan petani juga harus setor untuk pertahanannya, kemudian mereka mulai mencari tenaga kerja paksa yang dinamakan romusha. Ada sebanyak 700 ribu petani yang dijadikan romusha untuk membangun benteng-benteng pertahanan Jepang di dalam dan di luar negara kepulauan Indonesia. Sekitar 300 ribu tenaga kerja paksa ini meninggal.

Menurut pendapat saya, invasi Jepang ini sudah salah sejak dari awal; saya selalu diajarkan bahwa bentuk kolonialisme itu salah. Tapi Anda benar; adalah suatu fakta yang tidak dapat dipungkiri bahwa kebanyakan orang Indonesia pada saat itu menerima mereka.

T: *Apakah perbedaan antara penjajahan Belanda dan Jepang?*

---

[10] Heiho: pasukan pembantu balatentara Jepang dalam Perang Dunia II.

J: Belanda mementingkan hukum sedangkan Jepang tidak. Dalam waktu tiga hari setelah mendarat di Jawa, hampir semua serdadu Jepang terlibat dalam pemerkosaan wanita-wanita lokal. Pada saat itu wanita-wanita banyak yang dicoreng-morengi mukanya dengan arang supaya tidak dikenali sebagai wanita. Bahkan wanita-wanita tua melakukannya, termasuk nenek-nenek. Sejak awal invasi, banyak kejadian aneh. Serdadu Jepang membuka pintu-pintu toko yang dimiliki oleh orang Cina dan mempersilakan untuk mengambil apa saja yang ada di sana. Namun tiga hari kemudian, hampir semua gerombolan tersebut ditembak mati. Satu-satunya hal yang baik dari penjajahan Jepang adalah yang menyangkut Bahasa Indonesia. Bahasa Indonesia adalah satu-satunya bahasa yang boleh dipakai di seluruh kepulauan. Sejak awal penjajahan mereka melarang penggunaan semua bahasa musuh-musuhnya, termasuk bahasa Belanda dan Inggris. Bahasa Indonesia bisa berkembang karena peraturan ini. Bahkan Jepang membentuk Komite Istilah, yang bertanggungjawab untuk menerjemahkan dan mengubah istilah-istilah dari bahasa asing yang digunakan di negeri ini ke dalam Bahasa Indonesia.

T: *Bung tadi mengatakan bahwa Belanda menghormati hukum. Apakah hukum yang diterapkan pada penjajah dan yang dijajah berbeda?*

J: Ya, memang berbeda, tapi kedua pihak tetap harus mematuhi suatu hukum. Orang Belanda harus mematuhi pengadilan yang berbeda dengan pribumi. Kolonialisme Belanda juga dilayani oleh ningrat-ningrat Jawa, yang pada akhirnya membuat mereka tidak perlu patuh pada hukum manapun. Kalau seorang ningrat melakukan kejahatan, maka dia tidak akan dihukum. Hal yang paling buruk yang bisa terjadi padanya adalah diusir dari daerahnya atau dibuang.

T: *Tentang novel Bung, Perburuan, apakah Bung menuliskan pengalaman Bung sendiri dalam masa penjajahan Jepang atau merupakan cerita fiksi?*

J: Inspirasi buku ini berasal dari pemberontakan Peta[11] terhadap Jepang.

T: *Bagaimana Bung merayakan kemerdekaan Indonesia? Bagaimana suasana selama deklarasi kemerdekaan tersebut?*

J: Pada saat itu saya sedang berada di kaki Gunung Kelud di Jawa Timur, dalam pelarian, dan sedang bersembunyi setelah meninggalkan pekerjaan saya sebagai tukang ketik di Kantor Berita Domei. Suatu hari saya melihat rombongan *heiho* dan rombongan prajurit Peta pulang membawa beras. Saya berpikir apakah yang telah terjadi, dan mereka memberitahukan bahwa Indonesia telah mendeklarasikan kemerdekaannya dua hari sebelumnya.

T: *Bagaimana perasaan Bung?*

J: Pertama-tama saya berpikir: Wah ini adalah

---

11 Peta: Pembela Tanahair.

mimpi saya yang menjadi kenyataan! Saya lang-
sung berangkat ke Surabaya, terus ke Blora dan
kemudian ke Jakarta. Tapi pada saat itu sudah
berlangsung pertempuran di Jakarta, melawan
Inggris. Saya bergabung dengan pemuda Kemayor-
an dan bertempur bersama mereka. Situasi di
Jakarta sangatlah tegang. Kalau mendengar
dengung truk yang lewat, kami sudah siap untuk
bertempur.

*T: Jadi segera setelah merayakan kemerde-
kaan, Bung sudah harus bertempur lagi untuk
membela bangsa yang baru saja merdeka...*

J: Ya. Segera setelah saya tiba di Jakarta,
situasi sedang genting, termasuk kedatangan
tentara Kerajaan Inggris, serdadu Jepang yang
ngamuk karena mereka kalah perang tapi mereka
masih bersenjata. Ada juga orang Indonesia yang
mempunyai senjata dari Jepang. Ketiga kelompok
ini mau merampas apa saja yang dipunyai
penduduk dan selalu ada pertempuran. Bangsa
Indonesia siap untuk bertempur walaupun tanpa
senjata, hanya dengan batu dan golok, sedangkan
mereka pakai senjata api. Minggu pertama, kami
dari pemuda Kemayoran pergi ke markas Jepang
untuk mencari senjata. Ketika kami datang,
serdadu-serdadu Jepang itu sedang duduk santai,
dan mereka tidak memperlihatkan kepanikan.
Saya pikir ini kok aneh sekali. Bagaimanapun kita
sekarang, kan, musuh. Kemudian salah seorang di
antara mereka bertanya: "Tuan-tuan mau apa?
Kalau mau ambil barang-barang, silakan, tapi
jangan melukai kami. Ini kami punya surat." Dan

kemudian dia menunjukkan surat kepada kami. Tidak tahunya surat dari Bung Karno. Surat itu berbunyi: "Diharap kepada siapapun juga, selamat-kan jiwa mereka!" rupanya ada sekelompok orang Jepang yang membantu soal proklamasi. Dan karena surat itu, kami tidak berhasil mendapatkan senjata. Setelah kedatangan kami itu, serdadu-serdadu Jepang itu segera meninggalkan tempat itu dan kami terus mendudukinya. Namun kami tidak bisa tinggal lebih dari seminggu. Kami diserbu tentara Australia dan kami tidak punya senjata untuk melawan mereka. Ini adalah pengalaman pribadi dari hari-hari setelah deklarasi kemerdekaan.

T: *Apakah ada perasaan di antara teman-teman Bung bahwa ini adalah awal sejarah, atau apakah situasi pada saat itu sangat kacau sehingga tidak disadari bahwa untuk pertama kalinya Indonesia sudah merdeka dan bersatu?*

J: Kami semua dalam suasana mabuk kemerdekaan. Tentu saja kami sangat terharu dan tidak dapat berpikir atau membicarakan hal yang lain.

T: *Kapan Bung pertama kali bertemu dengan Soekarno?*

J: Setelah perang, saya melihat Soekarno dalam beberapa kesempatan, tapi tidak pernah secara pribadi. Pertama kali kami berkenalan adalah pada saat saya memberikan sokongan untuk pemikirannya tentang Demokrasi Terpimpin atas nama para seniman Indonesia. Kedua kalinya saya datang ke Istana Presiden dan dia sedang minum kopi dengan beberapa menterinya. Saya tidak ingat lagi apa yang dibicarakan pada saat itu. Ketiga kalinya, saya mengusulkan pada dia untuk mendirikan patung Multatuli, tapi dia menolak. Saya masih berpendapat bahwa Multatuli besar jasanya kepada bangsa Indonesia, karena dialah yang menyadarkan bangsa Indonesia bahwa mereka dijajah. Sebelumnya, di bawah pengaruh Jawanisme, kebanyakan orang Indonesia bahkan tidak merasa bahwa mereka dijajah.

T: *Apa pendapat Bung tentang Soekarno? Dia adalah negarawan yang terkenal, tapi bagaimana dia secara pribadi?*

J: Saya hormat padanya karena pandangan-pandangannya benar, terutama visinya *nation and character building*. Ini merupakan hal yang luar biasa, tetapi setelah kudeta tahun 1965 itu, tidak seorangpun yang mau membicarakannya lagi. Dia mempunyai pandangan-pandangan yang sangat mendalam, terutama karena dia tahu dan mengerti tentang Indonesia. Dia sangat memahami sejarah negerinya. Dalam masa kepemimpinannya, Indonesia dimusuhi oleh negara-negara Barat hanya karena teguh melawan kolonialisme, imperialisme, dan kapitalisme. Dan hal inilah yang membuat saya masih tetap menyokong dia.

Saya juga mendukung dia waktu dia melarang Manikebu (Manifesto Kebudayaan) yang menjunjung kebebasan berbudaya tanpa batas dan kemanusiaan yang universal (*universal humanism*). Namun demikian saya tidak kenal dia secara pribadi. Yang sebenarnya, Bung Karno praktis tidak mengenal saya. Hal ini terlihat ketika kami bertemu bersama menteri-menteri itu, dia bilang: "Mas Pram Islamolog, ya?" (*tertawa*). Itu artinya dia tidak mengenal saya sama sekali.

T: *Ngomong-ngomong, apakah Bung percaya agama?*

J: Saya hanya percaya pada diri saya sendiri. Dan dengan berjalannya waktu, saya tahu bahwa saya hanya bisa bergantung pada diri saya sendiri. Saya ditahan oleh Orde Baru selama 34 tahun di penjara dan kamp konsentrasi, dan Tuhan tidak pernah menolong saya. Orang-orang datang kepada Tuhan untuk mengemis. Menurut saya berdoa itu sama dengan mengemis.

T: *Pada saat merdeka, Indonesia adalah negara miskin, bahkan sekarang Indonesia semakin terpuruk sebagai salah satu negara termiskin di Asia Tenggara. Menurut pendapat Bung, bagaimanakah perbedaan kehidupan kebanyakan orang pada zaman Soekarno dan setelahnya?*

J: Rakyat sekarang miskin karena dimiskinkan oleh kaum elit. Sebelum kemerdekaan, mereka dirampok oleh penjajah, sekarang mereka dirampok oleh kaum elit kita sendiri. Kemiskinan pada zaman Soekarno jelas, karena pada saat itu negeri kita sedang dikepung oleh negara Barat dan juga merupakan negara yang masih muda dan baru saja merdeka. Semua negara Barat mengepung kita. Ekonomi dalam negeri belum berkembang. Begitu Soeharto berkuasa, arah negara kita sangat bertolak-belakang dengan sebelumnya: Dia membuka pintu lebar-lebar untuk modal asing. Setiap kali modal asing masuk, akibatnya akan lebih banyak yang dirampas dari kita, karena modal tersebut hanya memikirkan keuntungan yang lebih tinggi dan lebih tinggi lagi, tidak pernah memikirkan akibatnya pada masyarakat.

Pada zaman Soekarno, hampir semua penduduk miskin. Kalaupun ada masalah korupsi pada saat itu, hanyalah dalam skala yang sangat kecil. Korupsi pada masa sekarang ini yang hilang mencapai miliaran!

T: Bung Pram, ketika Soekarno masih berkuasa pada tahun-tahun sebelum 1965, apakah rakyat Indonesia masih punya harapan?

J: Ya. Pada zaman Soekarno selalu ada harapan, dan dia sangat dicintai oleh rakyatnya. Namun semua ini dihancurkan oleh kudeta yang membawa Soeharto ke puncak kekuasaan; terutama setelah semua pendukung Soekarno dibabat dan dihabisi.

T: Di bawah kepemimpinan Presiden Soekarno, Indonesia menjadi salah-satu negara penting yang bisa memberikan sumbangan besar kepada dunia. Sebagai contoh, Indonesia adalah salah satu pendiri Gerakan Non Blok. Ketika itu Soekarno adalah salah satu pelopor persatuan negara-negara berkembang dengan suatu konsep kerjasama di antara blok-blok politik-ekonomi, yang masih relevan hingga kini dan di masa depan. Pada waktu itu, apakah rakyat Indonesia memahami ide-ide Soekarno ini dan apakah mereka mendukungnya?

J: Ya. Indonesia pada saat itu dihormati oleh negara-negara lain dan menjadi mercusuar, harapan, bagi negera-negara berkembang di Asia dan Afrika. Soekarno adalah seorang orator yang hebat yang tidak pernah enggan untuk berbicara di depan rapat raksasa, baik lewat radio maupun lewat televisi. Hampir semua orang di negeri ini mengenal konsep-konsep yang dikatakannya. Walaupun mayoritas rakyat mencintainya, namun yang menentangnya juga tidak sedikit, termasuk intelektual yang liberal, mereka yang menganut kebebasan sipil tanpa batas. Pada saat itu Soekarno menganut paham demokrasi terpimpin, dan tentu saja ada pertentangan intelektual. Kelompok-kelompok yang menentang Soekarno terutama bersatu di bawah Partai Sosialis Indonesia. Kalau dari kalangan pers adalah Mochtas Lubis dan Rosihan Anwar. Kalau di politik: Sjahrir.

T: *Dari pandangan Indonesia, apakah ide yang melatarbelakangi pembentukan Gerakan Non Blok?*

J: Ide pembentukan Gerakan Non Blok adalah bahwa sangat penting untuk melawan imperial-isme. Pada saat itu hampir semua benua Afrika dan Asia masih berada dalam genggaman kekuasaan imperialis. Kemunculan Soekarno membantu negara-negara tersebut memerdekakan dirinya. Bahkan negara-negara seperti Singapura dan Malaysia mendapatkan kemerdekaannya karena perjuangan Soekarno.

T: Apakah kemerdekaan negara-negara yang masih dijajah adalah satu-satunya tujuan Gerakan Non Blok pada waktu itu?

J: Tujuannya adalah untuk memperoleh kemerdekaan dan kemudian membangun demokrasi sejati di negara-negara tersebut.

T: Sebelum 1965 Bung sudah dianggap penulis terbesar di Indonesia. Bagaimana perasaan Bung hidup di negara yang menganut sistem Demokrasi Terpimpin? Apakah Bung punya masalah dengan sistem ini?

J: Saya itu selalu dimusuhi pemerintah, bahkan pada zaman Soekarno (*tertawa*). Pada zaman Soekarno, saya dipenjarakan selama satu tahun karena saya menulis *Hoa Kiau di Indonesia*.[12] Pada saat itu, masyarakat Tionghoa tidak diperbolehkan berdagang bebas di negara ini, dan orang-orang keturunan Tionghoa dipaksa keluar dari desa-desa mereka, dan beberapa bahkan dibunuh. Saya, terus-terang saja, selalu menentang hal ini. Itulah mengapa saya dipenjarakan pada tahun 1961.

---

[12] Hoa Kiau di Indonesia merupakan esai yang pertama kali terbit di harian Bintang Timoer. Dalam tulisan ini Pramoedya bereaksi terhadap meningkatnya anti-etnis Tionghoa, yang kemudian menjadi pogrom yang dijalankan oleh Angkatan Darat dari 1959 sampai 1960 terhadap minoritas etnis Tionghoa.

T: *Walaupun demikian, kalau melihat balik zaman Soekarno, apakah arah negara yang dibawa oleh dia sudah benar?*

J: Arah umum sudah benar, tapi saya tidak setuju dengan beberapa masalah, termasuk peratuan-peraturan yang diskriminatif terhadap masyarakat Tionghoa. Peraturan-peraturan ini sesungguhnya diciptakan oleh militer dengan tujuan untuk membuat ketegangan-ketegangan, untuk memutuskan hubungan antara Negara RRC dan Indonesia.

T: *Bukankah ini merupakan kesalahan terbesar Soekarno - membiarkan militer mempunyai kekuasaan sedemikian besar - kesalahan yang memberikan prakondisi bagi kudeta pada 1965?*

J: Bung Karno tidak punya senjata. Dia kan hanya seorang politikus yang tidak punya kekuasaan riil. Kekuasaan sesungguhnya berada di tangan militer, Angkatan Darat pada saat itu. Tidak ada yang bisa dilakukan oleh Bung Karno karena ada dualisme kekuasaan. Dan, pada akhirnya, mereka yang menggulingkan Soekarno adalah militer.

T: *Apakah ada hubungan yang kuat antara militer Indonesia dan Amerika Serikat serta kekuatan Barat lainnya sebelum kudeta 1965?*

J: Ya, tentu saja hubungan ini ada.

T: *Apakah ada perkiraan ataupun kekuatiran*

bahwa mungkin akan ada intervensi Barat, kudeta militer, jauh sebelum 1965?

J: Tidak. Tampaknya sama sekali tidak ada kecurigaan. Karena itulah ketika peristiwa itu terjadi di tahun 1965, semua orang kaget. Bukan hanya kaget, melainkan tidak seorangpun tahu apa sebenarnya yang terjadi. Bahkan sampai sekarang, tidak ada seorangpun yang tahu dengan pasti, karena semua ditutup-tutupi. Bahkan berapa orang yang mati setelah kudeta itu juga berbeda-beda versinya. Sudomo[13] mengatakan bahwa ada dua juta orang yang mati walaupun saya nggak tahu dari mana dia dapat angka tersebut. Kalau kita tanyakan sekarang, mungkin dia juga nggak berani mengatakan yang sama. Dia sudah tidak punya jabatan sekarang. Orang Indonesia itu aneh, beraninya kalau punya jabatan, kalau sudah tidak punya jabatan jadi bukan siapa-siapa lagi. Jenderal Sarwo Edhie Wibowo,[14] yang ditugaskan untuk membunuh, mengaku bahwa jumlah yang ditumpasnya sekitar tiga juta orang.

T: *Bagaimana situasi budaya di masa Soekarno? Apakah tekanan utamanya pada budaya lokal atau internasionalisme?*

J: Terutama pada budaya lokal. Sebagai contoh

---

[13] Sudomo, Mantan Pangkopkamtib (Panglima Komando Operasi Pemulihan Keamanan dan Ketertiban) pada masa Pemerintahan Soeharto.

[14] Sarwo Edhie Wibowo, waktu itu adalah komandan pasukan elit baret merah RPKAD (Resimen Para Komando Angkatan Darat).

di bidang musik, Soekarno sangat anti dengan musik *"ngak-ngik-ngok"* dari Amerika[15] Lekra (Lembaga Kebudayaan Rakyat) pada waktu itu berusaha untuk mengangkat kebudayaan rakyat ke atas. Beberapa bentuk dan gerakan yang coba dikedepankan oleh Lekra masih popular sampai sekarang. Ketoprak, lenong, dan ludruk, yang merupakan bentuk teater tradisional, diangkat dari teater jalanan ke tingkat yang lebih tinggi, ke panggung nasional. Pertunjukan-pertunjukannya disiarkan oleh radio dan televisi.

Banyak kaum intelektual dari luar negeri meragukan tren kebudayaan yang coba dikedepankan oleh Soekarno, terutama tentang elemen-elemen untuk mendefinisikan kebudayaan di bawah singkatan Nasakom: Nasionalisme, agama, dan komunisme. Mereka meragukan apakah elemen-elemen tersebut dapat hidup berdampingan satu sama lain. Tapi mereka tidak mengerti bahwa hal itu bukanlah persoalan menyatukan saja, tapi bagaimana menciptakan spirit revolusioner untuk melawan imperialisme.

---

[15] Istilah ini merujuk kepada musik rock 'n roll dari Barat, seperti musik-musik Elvis Presley dan The Beatles, yang dianggap mewakili semangat Nekolim (Neo Kolonialisme Imperialisme).

KUDETA 1965

T: *Bagaimana Bung mengetahui adanya kudeta pada 1965?*

J: Saya mendengar dari radio. Saya sangat terheran-heran, karena versi resminya yang dituduh melakukan kudeta tersebut adalah PKI (Partai Komunis Indonesia). Kok yang dituduh PKI? Baru lama setelah itu saya menyadari bahwa yang melakukan hal ini adalah militer sendiri. Namun demikian, propaganda resminya adalah bahwa PKI berusaha untuk menggulingkan Soekarno, suatu versi yang aneh dan sangat tidak realistik, karena pada saat itu PKI adalah partai yang sangat kuat dan juga partai yang mendukung Soekarno. Ini malah dituduh melakukan pemberontakan. Pada waktu itu saya bingung sekali, dan selalu berpikir tentang hal ini sampai berbulan-bulan setelah itu.

T: *Jika kita sekarang menganalisis kudeta tersebut setelah hampir 40 tahun, ada dua teori dasar yang mengemuka tentang apa yang terjadi. Versi pertama, yang resmi, bahwa PKI-lah dalang G30S, bahwa PKI-lah yang menculik dan membunuh para jendral. Versi kedua adalah yang terwakili dalam "Cornell Paper", bahwa peristiwa G30S pada pokoknya merupakan konflik intern di tubuh Angkatan Darat. Namun demikian, ada pula versi lain yang sekarang mulai diadopsi oleh berbagai pihak di dunia, termasuk oleh para sejarawan terkemuka di Indonesia, bahwa kudeta tersebut dilakukan oleh salah satu faksi di militer yang pro-Soeharto, dan didukung oleh Amerika Serikat dan negara-negara Barat lainnya. Apa pendapat Bung mengenai hal ini?*

J: Tentu saja tujuan utama negara-negara Barat adalah menggulingkan Soekarno karena tiga prinsipnya, antikolonialisme, anti-imperialisme, dan anti-kapitalisme. Dan mereka yang ingin menjatuh-kan Soekarno dan yang mau berkuasa mengambil kesempatan dari adanya friksi di dalam militer, yang terpecah antara pendukung Soekarno dan pendukung Soeharto. Pada saat kudeta, salah satu faksi merencanakan dan melaksanakan pembu-nuhan jendral-jendral, dan hal inilah yang memicu pembunuhan massal dan penekanan-penekanan yang dilakukan oleh pendukung Soeharto. Korban-korban pada saat itu termasuk orang-orang komunis, Cina, dan pendukung Soekarno. Jadi, menurut saya, ini yang terjadi: Militer dan Soeharto melakukan kudeta dan kemudian menuduh orang lain yang melakukannya, kemudian mereka membunuh dua juta orang. Anda mengerti tidak? Mereka membunuh dua juta orang untuk balas dendam terhadap apa yang sebenarnya mereka lakukan sendiri!

Di zaman kerajaan dahulu, kita punya cerita yang sama, yaitu cerita tentang Kebo Ijo, Ken Arok, dan Tunggul Ametung.[16] Setelah Tunggul Ametung dibunuh, Ken Arok mengambil-alih kekuasaan dan memerintahkan Kebo Ijo untuk dihukum mati. Jadi memang sudah ada contohnya dari zaman dulu. Sejarahnya memang begitu.

T: Apakah mereka yang membunuh enam jendral dan satu perwira pada 1 Oktober dinihari memiliki hubungan dengan PKI?

J: Pada saat itu, PKI adalah partai yang legal, jadi tidak bisa dibilang bahwa mereka tidak punya hubungan, tapi saya tidak tahu tentang adanya hubungan di antara mereka. Kalaupun ada hubungannya, mungkin hanya dalam batas perorangan. Namun kudeta itu sendiri tidak ada hubungannya dengan PKI, melainkan dengan faksi Amerika di dalam Angkatan Darat.

T: Jadi, menurut Bung, kudeta tersebut tidak dilakukan oleh PKI, melainkan oleh salah satu bagian militer Indonesia yang dimanipulasi dan dipengaruhi oleh Amerika Serikat?

---

[16] Cerita tentang Kerajaan Majapahit dan dinasti Rajasa pada awal abad ke-13. Tunggul Ametung adalah penguasa local di Tumapel, Kerajaan Majapahit. Dia mempunyai seorang permaisuri yang sangat cantik bernama Ken Dedes. Ken Arok, yang pada saat itu bekerja untuk Tunggul Ametung, menginginkan Ken Dedes. Dia membeli sebilah keris dan meminjamkannya kepada Kebo Ijo. Kebo Ijo adalah orang yang suka pamer di Tumapel, dan dia memamerkan kerisnya kepada semua orang. Ken Arok mengambil kembali keris itu dan kemudian membunuh Tunggul Ametung. Semua orang tahu bahwa yang mempunyai keris itu adalah Kebo Ijo. Jadi Kebo Ijo yang dituduh membunuh Tunggul Ametung. Ken Arok kemudian mengambil-alih kekuasaan dari Tunggul Ametung.

J: Ya.

T: *Kudeta tersebut diikuti dengan pembunuhan brutal yang tak terbayangkan. Bagaimana mungkin seluruh negeri hanya tinggal diam atau bahkan berpartisipasi langsung dalam pembuhunan tersebut? Sebagian besar rakyat Indonesia tidak melakukan apapun untuk menghentikan kudeta, untuk berkonfrontasi dengan militer untuk membela prinsip-prinsip yang seharusnya dibangun oleh Indonesia, atau untuk melindungi jutaan korban yang tidak berdaya.*

J: Hanya karena ketakutan. Karena jumlah yang dibunuh mencapai dua juta orang dan dilakukan dalam masa yang sangat singkat, dan budaya ketakutan ini sudah diciptakan secara sangat efektif: hanya untuk menyebut nama PKI saja, rakyat sudah takut.

T: *Apakah pada waktu itu Angkatan Darat benar-benar memiliki kontrol yang besar di negeri ini?*

J: Kenyataannya militer sudah berkuasa di negeri ini sejak zaman revolusi, sejak kemerdekaan. Bahkan pegawai negeri lebih patuh pada militer daripada kepada atasannya yang orang sipil. Dalam hal ini, tidak ada hal yang berubah sampai sekarang. Setelah kudeta, militer bersekutu dengan Golkar menciptakan apa yang dinamakan Orde Baru. Satu-satunya perbedaan adalah bahwa sebelum kudeta posisi militer tidak resmi, namun di zaman Orde Baru, militer resmi menjadi salah satu kekuatan yang diakui.

T: Apa yang terjadi di jalanan setelah kudeta? Terjadi pembantaian massal di kota-kota dan di desa-desa, tapi bagaimana keadaannya di Jakarta?

J: Sunyi! Rakyat sangat ketakutan dan mereka tidak tahu apa yang sesungguhnya terjadi. Militer menangkapi orang-orang di berbagai daerah secara acak tanpa tuduhan apapun. Mereka juga membunuh orang di mana saja tidak jadi soal. Sungai-sungai merah karena darah, dan rakyat tetap belum mengerti kenapa! Sungai Brantas penuh dengan mayat, tapi saya tidak menyaksikannya sendiri, hanya mendengarnya saja, karena pada waktu itu saya sudah di dalam penjara. Rakyat dibuat tidak tahu apa-apa. Yang mereka tahu hanyalah ada enam jendral dan satu orang anggota militer dibunuh antara malam tanggal 30 September dan 1 Oktober 1965. Semua merupa-kan pendukung Soekarno, dan orang-orang yang dibunuh oleh militer adalah pendukung Soekarno dan anggota PKI. Saya tidak banyak tahu apa yang terjadi di lapangan pada masa itu, karena kudeta terjadi tanggal 1 Oktober 1965 dan saya ditangkap dua minggu kemudian, pada tanggal 13 Oktober 1965. Dan selama waktu itu saya sibuk kerja di rumah.

T: Berapa orang yang dibunuh setelah kudeta itu?

J: Menurut Sudomo jumlahnya dua juta orang. Tapi pembunuhan tersebut terutama dilakukan di bawah perintah Sarwo Edhie Wibowo, yang pada saat itu dengan bangga mengatakan pasukannya telah membunuh tiga juta orang. Dan dia hanya mengatakan soal korban di Pulau Jawa saja.[17]

T: Secara teori, Soekarno, kan, masih berkuasa sebagai Presiden Indonesia beberapa saat setelah kudeta. Mengapa dia tidak melawan Soeharto? Mengapa dia tidak memerintahkan pendukungnya untuk bertempur melawan Soeharto?

J: Soekarno tidak melawan Soeharto karena dia ingin menghindari timbulnya perang saudara. Tentu saja tidak ada perlawanan ini menghancurkan semua yang dicita-citakannya. Dan setelah penjarahan dan pembunuhan massal ini, para intelektual bangsa ini tidak pernah berani melawan, mereka hanya bisa diam dan menerima saja.

T: Seberapa buruk penindasan yang dilakukan oleh militer dan pemerintah setelah kudeta?

J: Militer dan Golkar membasmi habis seluruh pendukung Soekarno. Terutama target mereka adalah kaum komunis, tapi bukan hanya itu, mereka juga mengarah pada kaum agama dan kaum nasionalis. Kalau tidak dibunuh, ya, dikirim ke kamp konsentrasi di Pulau Buru. Antara dua dan tiga juga orang dibunuh. Sebagai contoh saja, di Blora tempat saya lahir, mereka membantai tiga ribu orang. Buku tentang pembantaian di Blora ini akan terbit tahun ini.

---

[17] Angka korban tiga juta jiwa ini dinyatakan oleh Sarwo Edhie Wibowo sebagai koreksi atas pernyataan Ratna Sari Dewi Soekarno yang menyebut "hanya" dua juta jiwa saja (Karim DP, 1999).

MASA PENAHANAN

T: Pada Oktober 1965 Bung ditangkap. Setelah ditangkap, Bung dibawa ke mana?

J: Setelah ditangkap, saya dibawa ke berbagai tempat: pertama kali dibawa ke markas CPM Guntur, terus ke markas besar Kodam V, lalu ke penjara Bukit Duri di Jakarta dan ke penjara Tangerang. Selama empat tahun saya dipindahkan dari satu tempat ke tempat lain, sampai akhirnya mereka mengirim saya ke kamp konsentrasi di Pulau Buru. Tidak pernah dibebaskan. Saya ditahan di Pulau Buru selama 10 tahun.

Bisa dibayangkan tidak, semua dirampas dari saya. Ibu[18] dan anak-anak yang masih kecil-kecil harus numpang di sana-sini. Anda bisa wawancara dia langsung kalau Anda mau. Mungkin dia bisa menceritakan bagaimana sengsaranya mereka pada waktu itu. Belum ditambah dengan menengok dan mengurus makan saya di penjara, karena di penjara kami sangat sedikit mendapat makanan. Saya ingat, pernah dalam satu hari enam orang yang dekat dengan saya mati karena kelaparan.

---

18 Maksudnya adalah istri Pak Pram, Ibu Maemunah Thamrin.

T: Bagaimana kejadiannya pada waktu Bung ditahan? Berapa orang yang datang untuk menangkap Bung? Tuduhan apa yang ditujukan kepada Bung? Apa yang mereka katakan ketika datang untuk menahan Bung?

J: Sebelum saya ditahan, segerombolan orang menyerang rumah saya. Mereka melempari rumah saya dengan batu. Setiap kali saya menyalakan lampu teras dan lampu depan mereka lari, tapi ketika saya matikan lampu, mereka datang lagi. Begitu seterusnya. Hal ini menyebabkan saya mengambil kesimpulan bahwa orang-orang itu adalah orang yang saya kenal, karena mereka takut saya mengenali mereka kalau lampu menyala. Saya berteriak kepada mereka: "Pengecut, bukan begini caranya berjuang! Saya juga pejuang! Sini pemimpin kalian! Mau apa kalian? Kalau berani, datang kesini!" Tapi tidak ada yang berani. Mereka terus menerus melempari rumah saya dengan batu, mungkin mereka pakai sarung untuk melempar karena batu-batunya besar-besar sampai pintu rumah saya hancur. Pada waktu itu kaki saya sudah berdarah, tapi saya tetap berdiri di depan pintu rumah, siap untuk melawan mereka, pedang samurai di tangan. Dan kemudian tiba-tiba terdengar bunyi tembakan otomatis: "Dor-dor-dor!" dan gerombolan itu berhenti melempar dan melarikan diri. Kemudian datang satu peleton tentara. Mereka mengetuk pintu dan saya bukakan pintunya dan menyuruh mereka masuk. Salah satu dari mereka mengatakan: "Pak, rakyat jangan dilawan." Dan saya jawab: "Mereka itu bukan rakyat, tapi gerombolan." Eh, malahan saya yang ditangkap. Saya yang diserang tapi saya yang ditangkap!

Ketika mereka mau menahan saya, mereka berkata: "Mari Bung Pram, kami akan amankan." Itulah pertama kalinya saya mengetahui bahwa diamankan berarti ditahan (*tertawa*).

Segera setelah itu saya ditahan dan semua milik saya dirampas, termasuk apa yang saya pakai pada saat itu, termasuk jam tangan. Penahanan ini terjadi pada tanggal 13 Oktober 1965. Saya dibawa dengan truk dan dipukul pakai popor senapan beberapa kali sampai hampir tidak sadar. Sampai sekarang mereka belum mengembalikan apa yang sudah dirampas dari saya, bahkan 37 tahun kemudian. Rumah saya yang di Rawamangun sampai sekarang belum dikembalikan.

Pada saat itu istri saya habis melahirkan di tempat lain. Dia diberitahu oleh seorang tetangga bahwa saya ditahan. Dia segera pulang ke rumah, tapi sudah tidak bisa masuk rumah lagi. Pada saat itulah dia menyaksikan pembakaran kertas-kertas saya di belakang rumah, termasuk delapan naskah yang belum diterbitkan. Seluruh isi perpustakaan saya dibakar. Pembakaran naskah tersebut adalah hal yang tidak akan bisa saya maafkan! Pembakaran buku sama dengan perbuatan setan. Hal ini menunjukkan betapa rendahnya budaya mereka. Bertolak-belakang dengan budaya menulis karena merupakan kerja kreatif.

Tapi sebelum hal di atas semua terjadi, seorang teman/bawahan saya di Redaksi "Lentera", harian Bintang Timur datang dan berkata: "Bung Pram, orang-orang sudah pada ditangkap, dan saya rasa akan menimpa Bung Pram juga, karena Bung Pram kan tokoh masyarakat." Kemudian dia menceritakan apa yang terjadi pada tetangga-tetangganya. Dimulai dengan datangnya gerombolan yang menyerang rumah mereka, kemudian terdengar tembakan otomatis dan tentara datang dan menahan mereka. Jadi Anda lihat, apa yang terjadi pada saya ternyata persis sama dengan yang terjadi pada banyak orang yang lain. Teman saya itu menyarankan agar saya melarikan diri, tapi saya pikir saya harus pergi ke mana. Ini, kan, rumah saya dan saya harus mempertahankannya. Tapi pada akhirnya saya ditahan juga, karena saya tidak bisa melawan satu peleton tentara sendirian.

T: Apakah mereka mengatakan mengapa mereka menangkap Bung?

J: Bukan ditangkap, katanya: "Mari kami amankan!" Sebenarnya mereka tidak pernah mengatakan bahwa mereka menangkap saya. Mereka selalu bilang bahwa mereka akan mengamankan saya. Sebuah kata baru bagi saya. Jadi waktu mereka menangkap saya, mesin tik saya bawa supaya saya bisa meneruskan menulis lanjutan novel Gadis Pantai. Saya membawa seluruh naskah untuk buku ketiganya, yang belum selesai. Namun kedua naskah lanjutan itu dihancurkan. Pada saat itu saya juga bekerja di beberapa tempat. Salah satunya saya bekerja sebagai penasihat di pabrik pensil. Ketika mereka menyadari bahwa keadaan sudah sangat kacau, mereka datang membawa gaji saya untuk tiga bulan. Semua ini terjadi sebelum saya ditangkap, dan tentu saja saya membawa semua uang tersebut pada saat saya ditangkap. Mereka merampas semua itu juga. Keluarga saya sudah mengungsi terlebih dahulu karena keadaan genting. Saya kehilangan semuanya, dan saya tidak bisa membiayai keluarga saya.

T: Apakah mereka memukul Bung di tempat penahanan? Apakah Bung disiksa? Pertanyaan apa saja yang mereka ajukan? Apa yang mereka lakukan terhadap Bung?

J: Di dalam tahanan, saya praktis tidak dianiaya ataupun disiksa. Tapi pernah sekali saya ditempeleng oleh seorang kopral karena dia bertanya-tanya dan saya jawab: "Pangkatmu apa?" Rupanya dia merasa terhina dan menempeleng saya.

Yang ditanyakan kepada saya hanyalah nama dan alamat saya, tapi berulang-ulang. Seperti yang sudah saya katakan, tidak ada penganiayaan, tapi semua milik saya dirampas, semua kertas-kertas dan naskah saya dibakar, dan setelah itu buku-buku saya dilarang. Saya yakin hal ini semua sudah direncanakan.

T: Apakah ada berita acara yang harus Bung buat dan tandatangani?

J: Tidak. Sama sekali tidak ada interogasi dan tidak ada proses verbal. Saya bisa dibilang hilang begitu saja.

Hanya bertahun-tahun kemudian, setelah saya dibebaskan dari kamp konsentrasi di Pulau Buru dan masih dalam tahanan rumah, pada tahun 1988 tiga orang jaksa dari Kejaksaan Agung datang untuk memeriksa saya. Dengan mereka inilah pertama kalinya ada proses verbal, ada dua proses verbal. Saya menuntut supaya dibuka pengadilan, dan mereka setuju. Tapi tentu saja tidak pernah ada pengadilan. Saya minta dibuka pengadilan dengan syarat bahwa saya akan didampingi oleh seorang pengacara dari negara netral yang tahu tentang komunisme. Hal ini saya syaratkan, karena jikapun ada pengadilan, hakim dan jaksanya mungkin tidak tahu apa-apa tentang topik yang dibicarakan.

T: Ketika itu ketenaran Bung sebagai penulis sudah mendunia. Apakah Bung mendapatkan perlakuan khusus di dalam penjara dan kamp konsentrasi? Banyak orang yang mati di dalam tahanan, dan Bung selamat...

J: Saya tidak mendapatkan perlakuan khusus, tapi saya mendapatkan sokongan moral yang luar biasa dari seluruh dunia. Saya diperlakukan sama dengan tahanan yang lain, tapi saya diawasi dengan lebih ketat. Saya bahkan tidak bisa jalan lebih jauh dari 50 meter tanpa diawasi. Tentang masih selamatnya saya, saya punya satu hal yang perlu diceritakan: Suatu kali kelihatannya ada perintah untuk membunuh saya, tapi komandan kampnya tidak berani untuk melaksanakannya. Setelah itu, sudah terlalu banyak tekanan dari dunia internasional, sehingga saya masih selamat sampai sekarang.

T: Jadi setelah ditangkap sampai dibebaskan,

Bung tidak pernah pulang?

J: Tepat sekali. Saya baru pulang ke rumah pada tahun 1979. Dan saya ditahan sejak 13 Oktober 1965.

T: Bagaimana mereka membawa Bung ke kamp konsentrasi di Pulau Buru? Apakah Bung menggunakan pesawat atau naik kapal?

J: Kami dinaikkan kereta api dari Jakarta ke Nusakambangan, terus naik kapal ke Pulau Buru.

T: Siapa sajakah sebenarnya yang menjadi tahanan di Pulau Buru?

J: Semua dari segala lapisan masyarakat.

T: Kalau tidak salah, ketika Bung sampai di sana pada 1969, Pulau Buru merupakan kamp yang masih sangat kecil dan baru berkembang di awal 1970-an. Berapa orang tahanan yang ada di masa-masa awal, dan berapa jumlah terbanyak kemudian?

J: Kelompok pertama terdiri dari 500 orang, dan saya termasuk kelompok ini. Pada saat itu belum ada jalan di bagian utara Pulau Buru, hanya beberapa jalan di bagian selatan. Jadi tahanan di kelompok pertama ini harus membangun jalan. Tahanan membangun jalan sepanjang 170 kilometer. Setelah itu datang tahanan-tahanan yang lain, dan jumlahnya mencapai 14.000 orang.

T: Bagaimana kondisi kamp tersebut?

J: Yang saya tahu, seharusnya kamp dibangun dengan spesifikasi khusus, seperti harus menggunakan pondasi beton dan balok-balok kayu yang kuat. Tapi kenyataannya sangat berbeda. Dinding dan atap barak kami terbuat dari daun-daunan. Jadi *aannemer*-nya (pemborongnya - pen.) korup. Seluruh area dipagari dengan kawat besi. Dan seluruh tahanan harus bekerja di ladang atau di sawah.

T: Apa yang mereka perintahkan untuk Bung lakukan di sana?

J: Saya harus menggali saluran air, membuat saluran irigasi, membangun jalan, dan bekerja di sawah. Pada akhirnya saya memutuskan untuk menganggap kerja paksa ini sebagai olahraga. Mungkin kalau saya tidak dibuang ke Pulau Buru, saya sudah mati sekarang. Karena sebelumnya yang saya lakukan cuma membaca, mengetik, dan merokok. Di Pulau Buru badan saya jadi tambah besar dan kuat.

T: Apakah para tahanan di sana disiksa? Benarkah banyak dari mereka yang meninggal?

J: Ya, mereka bukan hanya disiksa tapi juga dibunuh. Saya sudah menuliskan tentang hal ini di buku *Nyanyi Sunyi Seorang Bisu*. Kalau hanya dipukuli, sudah biasa itu! Dibandingkan dengan yang lain, saya sendiri praktis tidak disiksa, mungkin karena saya dimonitor oleh dunia internasional. Sedangkan untuk tahanan yang lain, ada semacam gubuk khusus, dinamakan "jigo kecil", untuk penyiksaan dan pembunuhan. Tempatnya jauh dari tempat saya tinggal. Tempat tinggal saya lebih dekat ke tengah pulau, sedangkan jigo kecil itu dekat dengan pelabuhan. Suatu kali saya melihat seorang tahanan politik yagn disuruh lari dan dikejar oleh gerobak kuda. Kalau dia tidak mampu lari lagi, makan dia akan dilindas oleh gerobak kuda itu. Saya melihatnya dengan mata kepala saya sendiri. Disiksa di kamp adalah hal yang dianggap normal.

Saya coba berikan satu contoh lagi: Supaya tapol bisa hidup, tapol harus mencari sendiri untuk makan. Salah seorang teman tahanan beternak ayam, tapi dia selalu saja kehilangan seekor ayam setiap hari. Teman saya merasa jengkel sekali. Karena ingin tahu siapa yang mencuri ayamnya, suatu malam dia mengosongkan kandangnya dan menyembunyikan ayamnya. Dia menaruh tai kerbau di dalam kandang. Yang dia tidak tahu adalah bahwa yang mencuri adalah tentara penjaga. Jadi ketika mereka mencoba mencuri lagi, mereka hanya mendapatkan tai kerbau. Keesokan paginya kami semua dipanggil dan disuruh berdiri berjajar, dan ditanya kandang siapa itu. Sewaktu mereka menemukan kandang itu milik siapa, dia langsung dipukuli di depan kami semua. Malah dituduh penipu (*tertawa*).

Satu contoh lain: Salah seorang rekan tahanan di Buru memelihara ikan di tebat. Dia sering sekali kehilangan ikan-ikannya, dan akhirnya dia mencoba mengintip siapa yang mencuri, dan ternyata militer yang mencuri. Sewaktu mereka tahu bahwa rekan saya ini mengintip mereka dalam menjalankan aksi pencurian ikannya, mereka menembaknya langsung di tempat. Dia mati seketika.

Kemudian, seorang teman tahanan juga menyimpan sesobek kertas koran bekas bungkus. Kami tidak diperbolehkan membaca sama sekali, dan ketika tentara mendapatkan bahwa dia menyimpan sepotong koran bekas, mereka mengikat dan menggantungnya. Dua hari kemudian kami menemukan mayatnya mengapung di sungai.

Beberapa teman lain sedang bekerja di sawah. Mereka istirahat makan siang di gubuk, dan di gubuk itu disimpan pupuk, warnanya putih. Kemudian militer datang dan mereka melihat pupuk itu di dalam gubuk, mereka pikir itu gula. Seorang tentara mencicipi pupuk itu dan langsung disemburkan. Semua yang berada di dalam gubuk langsung disiksa tanpa ampun. Sekali lagi, tentara menuduh mereka menipu (*tertawa*).

Suatu ketika saya hampir saja ditembak, tapi seorang teman memukul senapan penjaga yang akan menembak saya sehingga tidak kena saya. Mau tahu alasannya mengapa mereka mau menembak saya? Ketika kami dikirim ke Buru, setiap tahanan hanya diperbolehkan membawa dua stel pakaian. Dan karena kami harus bekerja di ladang atau sawah setiap hari, tentu saja pakaian saya lama-kelamaan rusak, tidak bisa dipakai lagi. Dan karena pada malam hari di gubuk terasa dingin sekali, maka saya harus punya paling tidak satu set pakaian untuk tidur. Jadi untuk ke ladang saya memakai cangcut karung plastik. Ketika militer melihat saya, mereka bilang saya menghina kebudayaan Timur dengan memakai pakaian itu. Benar-benar mereka akan menembak saya hanya karena pakaian yang saya pakai pada waktu itu!

Satu hal yang jelas sekali adalah bahwa kalau saya tidak dimonitor oleh masyarakat internasional, maka pasti saya sudah mati sekarang.

T: Banyak orang yang dibunuh, baik karena mencoba melarikan diri atau karena alasan-alasan yang lain. Berapa orang di kamp konsentrasi Buru yang mati karena hal ini?

J: Dari 200 orang yang meninggal di sana, lebih dari 30 orang karena dibunuh. Mungkin saja saya salah dengan jumlahnya, tapi saya sudah menuliskannya di buku *Nyanyi Sunyi Seorang Bisu*. Buku ini sudah diterjemahkan ke dalam bahasa Inggris, Spanyol, dan Portugis.

T: Pada akhirnya Bung diperbolehkan menulis di kamp Pulau Buru. Bung menulis serial novel yang bisa dikatakan paling terkenal, "Tetralogi Buru". Apakah Bung diberi kertas dan pensil di dalam tahanan? Apakah ada pembatasan berapa halaman yang Bung boleh tulis dalam sehari?

J: Saya diperbolehkan menulis kembali karena adanya tekanan dari dunia internasional. Suatu hari di tahun 1973, Jendral Soemitro, Pangkopkamtib waktu itu, datang menemui saya atas perintah Soeharto. Soemitro mengatakan bahwa mulai saat itu saya boleh menulis kembali. Saya harus mencari sendiri kertasnya, dan saya dapatkan terutama dari gereja Katolik. Tapi dari pengalaman saya sebagai tahanan politik, saya tahu persis bahwa pihak pemerintah akan merampas apa yang saya tulis. Itulah sebabnya saya mengetik naskah dalam beberapa copy. Satu copy saya sebarkan di antara teman-teman tahanan sehingga mereka bisa membaca dan mengingatnya. Satu copy lagi saya berikan ke gereja, yang kemudian menyelundupkannya ke luar Buru dan kemudian mengirimkannya ke Eropa, Amerika Serikat, atau Australia. Pada akhirnya saya memang benar, mereka merampas semua naskah saya pada waktu saya meninggalkan Buru, termasuk surat pribadi dari Presiden Harto pada saya. Tapi tidak ada batasan untuk menulis.

T: Surat dari Soeharto?

J: Ya. Dia menulis surat yang mengatakan bahwa: Kesalahan adalah manusiawi, tapi juga orang perlu mempunyai keberanian untuk memperbaiki diri yang benar dan dibenarkan (*tertawa*).

T: Apakah benar gereja Katolik punya peranan positif di Buru, dan bahwa banyak tahanan yang pindah agama dari Islam ke Katolik?

J: Benar, banyak yang pindah agama. Orang-orang agama Islam yang dikirim pemerintah ke Buru lantas membikin ceramah, selamanya memaki-maki kita, menyalahkan kita. Ada satu kalimat yang saya ingat: "Nah, rasain kalian sekarang, seperti anjing yang menekuk buntutnya ke bawah badannya!" Itu orang-orang Islam mencaci-maki kami kalau datang ke Buru memberi ceramah. Semuanya! Jadi ketika kiai-kiai itu memaki-maki kami, agamawan Katolik membawa bantuan, bisa dalam bentuk pakaian, bahkan kacamata. Itu sebabnya banyak orang yang pindah agama ke Katolik dan Protestan.

T: Apakah para tahanan itu diperbolehkan bebas pindah ke agama yang diakui oleh negara?

J: Oh, mereka harus melakukannya diam-diam. Pemerintah juga tidak membantu kalau urusan gereja. Para tahanan politik harus membangun gereja sendiri.

T: Pada 1979 rezim Soeharto akhirnya memutuskan membubarkan kamp konsentrasi. Ke mana Bung dibawa setelah dari Buru?

J: waktu semua tapol sudah dibebaskan, kami masih di Buru. Saya termasuk tahanan kelompok terakhir yang dibebaskan. Tapi ketika waktu pulang sudah dekat, kami diberitahu bahwa kami tidak akan dibebaskan. Pemerintah mengancam bahwa kami akan dikirim ke penjara yang lain, yaitu ke Nusakambangan. Namun karena banyaknya protes dunia internasional, akhrinya mereka mengirim kami ke Magelang.

Kami naik kapal dari Buru, dan ketika sudah sampai di Pulau Jawa, kami dinaikkan bis ke Magelang. Kemudian kami dibawa ke Semarang, dan dipamerkan kepada para duta besar, dan mereka mengatakan kepada para diplomat itu bahwa kami akan dibebaskan. Dari Semarang kami dibawa ke Jakarta, ke Penjara Cipinang. Di sanalah akhirnya kami dibebaskan. Tapi hal ini tidak berarti kami sudah bebas, kami masih harus lapor seminggu sekali ke Kodam yang ada di daerah masing-masing. Dua tahun kemudian berkurang menjadi sebulan sekali, dan di tahun 1992 saya membuat pernyataan bahwa saya menolak wajib lapor. Sejak itu setiap minggu saya dikunjungi oleh seorang intel (*tertawa*).

T: Bagaimana perasaan Bung pulang ke rumah?

J: Perasaan saya sama saja. Setiap ketidak-adilan harus dilawan, walaupun hanya dalam hati. Dan saya selalu berjuang.

T: Bagaimana keadaan keluarga Bung pada saat Bung pulang?

J: Walapun mereka harus melewati masa-masa yang sulit, keluarga saya masih berada dalam kondisi yang lebih baik daripada keluarga para tahanan yang lain, terutama karena ada sumbangan internasional dan honor saya dari luar negeri. Di samping itu, Ibu mencoba berjualan makanan. Ketika saya berada di dalam tahanan, para tetangga selalu berusaha menghindar dari keluarga saya, mereka terlalu takut untuk dilihat berada di sekitar keluarga saya. Namun demikian, keluarga istri saya menerima mereka apa adanya, bahkan membantu mereka di kala mereka memerlukan. Di sekolah anak-anak saya disayang gurunya, karena mereka mengenal saya.

T: Bagaimana dengan para tetangga? Bagaimana perlakuan mereka terhadap keluarga Bung selama Bung ditahan, dan bagaimana reaksi mereka ketika Bung pulang?

J: Dapat dipahami kalau tetangga saya bereaksi dengan ketakutan. Mereka berusaha menghindar, seperti mereka berusaha menghindar dari keluarga saya sebelumnya. Secara umum, bisa dikatakan bahwa anggota keluarga korban dikucilkan oleh masyarakat. Masyarakat tidak mau berhubungan dengan keluarga korban.

T: Setelah pulang ke rumah, apakah Bung bisa melupakan masa lalu Bung? Apakah Bung masih suka bermimpi buruk?

J: Sampai sekarang, setiap malam mimpi saya buruk terus. Saya akan sangat senang kalau semalam saja tidak mimpi buruk. Mimpi buruk ini bisa dalam berbagai bentuk. Kadang saya sedang diuber-uber militer, kadang saya sedang dianiaya. Bentuk mimpi yang tidak terlalu buruk adalah dalam bentuk kerja paksa. Tapi semua ini tidak pernah hilang.

T: Seberapa sulit untuk kembali berada di tengah-tengah masyarakat sekarang ini? Ketika Bung bercerita kepada teman-teman dan keluarga, apakah mereka bisa mengerti apa yang telah Bung alami?

J: Saya tidak perlu menjelaskan apapun kepada teman-teman dan keluarga. Mereka sudah tahu semuanya, walaupun dari sumber yang lain.

T: Bung sudah dipaksa meninggalkan kehidupan Bung sebelumnya untuk hidup menderita dalam tahanan dan kamp konsentrasi. Setelah kudeta pada 1965 itu, negara yang Bung kenal sudah tidak ada lagi. Dan kemudian ketika Bung kembali, semuanya sudah berubah sama sekali, Bung menemui negara yang dibentuk dengan kediktatoran Soeharto. Apakah dampaknya terhadap Bung? Apakah Bung terkejut dengan perubahan ini?

J: Saya tidak terkejut sama sekali! Saya tahu bahwa negara ini akan bagaimana setelah kejadian yang sangat mengerikan itu. Bangsa Indonesia, terutama kaum elitnya, tidak mau belajar dari sejarah. Saya kembali ke negeri yang sudah tidak karuan akan dibawa ke mana.

T: Bagaimana kondisi kesehatan Bung pada saat dibebaskan?

J: (Tertawa) Sebenarnya, saya sangat sehat pada saat dibebaskan. Jauh lebih sehat daripada saat saya ditangkap. Pada waktu itu badan saya besar dan kuat seperti pegulat. Berat badan saya mencapai 70kg. Kalau saya harus memotong kayu, kapak besar itu cukup saya pegang dengan satu tangan saja. Tapi di tahun 2000 saya kehilangan semua kekuatan itu.

BUDAYA DAN JAWANISME

T: Bung sering berbicara tentang Jawanisme, seolah-olah hal ini adalah yang paling buruk dari budaya Indonesia. Dapatkan Bung menerangkan apa sebenarnya Jawanisme itu?

J: Jawanisme adalah taat dan setia kepada atasan, yang pada akhirnya menjurus kepada fasisme. Kita namakan fasisme Jawa saja ya, dan sistem ini tumbuh dan berkembang dengan sangat subur pada masa Soeharto.

T: Apakah yang Bung maksud dengan fasisme Jawa ini?

J: Sama saja dengan Jawanisme. Prinsipnya taat dan setia yang membabi-buta kepada atasan dan tidak memikirkan pihak lain sama sekali. Inilah mengapa Pulau Jawa ini dijajah oleh bebagai bangsa asing selama berabad-abad, karena kaum elit Jawa berkolusi dengan kekuatan kolonial yang mencari rempah-rempah. Rakyat tidak berani menentang kaum elitnya maupun para penjajah-nya. Sudah sejak awal kaum elit disuap oleh para penjajah, dan Jawa jatuh ke tangan penjajah itu tanpa perang. Para pemimpin kita semua tidak punya moral. Dan sejak itu tidak ada yang berubah. Sekarang para penjarah dari seluruh dunia menjarah lautan kita, tapi Angkatan Bersenjata kita yang seharusnya melawan invasi asing ini malah dihadapkan pada rakyatnya sendiri. Hal ini saya alami sendiri.

Bahkan bahasa Jawa juga sangat bertingkat-tingkat, dan diciptakan untuk memuliakan atasan. Ketika diterjemahkan ke dalam politik, jadilah fasisme. Fasisme tidak memperbolehkan adanya oposisi atau perlawanan.

T: Bisakah Bung memberikan beberapa contoh?

J: Baiklah, saya akan memberikan beberapa contoh tentang Jawanisme. Saya mengalami masa penjajahan Jepang. Orang Jepang sangat memahami mentalitas bangsa kita. Mereka mengenal betul Jawanisme, dan hal ini mereka gunakan untuk kepentingan mereka. Tentara Jepang memberi perintah kepada kepala desa, tapi mereka tidak pernah benar-benar mengambil otoritas mereka. Kemudian para kepala desa itu mengirimkan ratusan orang desa untuk kerja paksa (romusha), baik di dalam negeri maupun di luar negeri. Banyak yang mati sewaktu kerja paksa ataupun yang tidak pulang lagi ke kampungnya. Tetapi orang masih saja nurut sama kepala desanya, walaupun kepala desa itu menerima sogokan dari tentara Jepang. Saya tahu benar tentang hal ini. Dan ini adalah contoh dari Jawanisme, suatu hukum yang tidak tertulis yang mengatakan bahwa perintah atasan harus selalu dipatuhi.

Sebuah contoh lain: Ketika di abad ke-16 awak kapal dari Belanda datang untuk menjarah kekayaan bangsa, para kepala desa diberi emas dan perak sebagai sogokan atau kompensasi sehingga mereka tidak protes atau melawan. Dan rakyat desa juga tidak berani melawan karena mereka menghormati atasannya. Jawanisme!! Dengan demikian seluruh bangsa dijarah, dan pihak-pihak yang diuntungkan adalah penjajah asing, dan kaum elit. Hal yang sama juga masih terjadi di zaman sekarang.

T: Dari berbagai macam budaya agung di dunia, budaya Indonesia masih termasuk yang tidak dikenal. Mengapa budaya ini sangat tertutup, dan mengapa budaya ini tidak memberikan pengaruh pada pihak lain di luar daerahnya?

J: Kebudayaan Indonesia yang kaya? Omong kosong, saya tidak setuju! Kebudayaan Indonesia sangatlah miskin. Mana yang disebut budaya Indonesia? Budaya Indonesia yang sebenarnya belum lahir. Apa yang kita kenal sekarang sebagai kebudayaan Indonesia hanyalah kebudayaan lokal dan daerah saja. Apa yang bisa dinamakan kebudayaan Indonesia? Memang ada sastra Indonesia, karena ditulis dalam bahasa Indonesia. Selebihnya apa? Yang ada hanyalah beberapa bentuk kebudayaan daerah, seperti misalnya tarian Bali. Setiap daerah mempunyai cerita lokal kedaerahan, terutama Aceh. Tapi apakah hal itu bisa disebut kebudayaan?

Dalam beberapa ratus tahun terakhir ini, Jawa menguasai semuanya. Menurut pendapat saya, angkatan muda harus menciptakan kebudayaan baru. Lupakan budaya yang lama. Memang menyakitkan kalau dikatakan seperti ini, tapi ini hal yang benar.

Kita sudah dijajah beratus-ratus tahun, karena budaya kita tidak setaraf dengan kebudayaan para penjajah kita, dan karenanya kita tidak mampu melawan mereka. Bangsa Indonesia selalu mengagung-agungkan kebudayaannya, tapi saya selalu tanyakan apa sih yang mereka banggakan?

T: Bung Pram, Bung adalah salah satu pengkritik lantang kebudayaan Jawa. Bung sangat kritis terhadap kebudayaan itu sebagai penulis maupun pemikir. Namun dalam kehidupan pribadi, apakah Bung pernah melawan Jawanisme ini? Apakah Bung pernah melawannya di dalam keluarga Bung sendiri, dengan mendorong anggota keluarga berperilaku berbeda dari kebanyakan masyarakat?

J: Tentu saja. Sebagai contoh, saya tidak menggunakan bahasa Jawa di rumah. Saya menolak untuk menggunakannya, karena bahasa Jawa itu sangat hirarkis, sangat bertingkat-tingkat, dan seperti yang sudah saya katakan sebelumnya hal ini menjurus kepada fasisme Jawa! Bagi saya, menggunakan bahasa Jawa merupakan penderitaan.

Di dalam keluarga, saya mengajarkan anak dan cucu saya tentang kebebasan. Sekarang terserah kepada mereka apa yang mereka bisa lakukan dengan hal ini. Tapi satu hal yang selalu saya tekankan dan tuntut dari mereka adalah bahwa mereka harus berani bertanggungjawab atas perbuatan mereka. Itu saja. Tapi untuk dapat melaksanakan hal itu, mereka haruslah punya keberanian. Saya berikan kebebasan kepada anak-anak saya, tapi saya juga katakan kepada mereka bahwa mereka harus bertanggungjawab atas hidup mereka sendiri. Itu sebabnya saya sangat tersinggung kalau cucu-cucu saya minta uang. Saya tidak pernah lakukan hal itu sepanjang hidup saya. Dan ini menurut saya adalah kerugian terbesar saya dipenjarakan selama 14 tahun, karena saya tidak bisa mendidik anak cucu sendiri. Kalau saya melihat cucu saya minta uang, saya merasa hal ini adalah akibat karena saya tidak ada di sisi mereka selama saya dipenjarakan.

Agar bisa mengubah kebudayaan, orang harus berani. Beberapa saat lalu saya kedatangan sekelompok anak muda. Saya katakan kepada mereka: "Kalian pemuda, kalau kalian tidak punya keberanian, sama saja dengan ternak karena fungsi hidupnya hanya beternak diri." (*tertawa*).

Sejak kecil saya selalu menentang ayah saya sendiri. Biarpun tidak dalam bentuk kata-kata, tapi saya menentangnya dengan perbuatan. Tapi saya tidak pernah menentang ibu saya, karena saya sangat menghormati beliau. Beliaulah yang menjadikan saya seperti ini. Ibu saya sering berkata: "Jangan pernah meminta-minta. Belajar mandiri dan pakai kekuatan sendiri. Nanti kau belajar di Eropa sampai dapat doktor." Beliau mengatakan hal ini pada tahun '30-an, padahal kami pada waktu itu sangat miskin. Itulah ibu saya. Saya selalu berusaha untuk bertindak sesuai dengan pesan beliau, sampai sekarang. Saya menghormati beliau lebih dari hormat saya kepada siapapun juga.

T: Apa yang terjadi pada budaya Indonesia kemudian setelah kudeta dan pertumpahan di tahun 1965?

J: Sejak kejadian itu, tidak ada yang dapat kita katakan kebudayaan Indonesia. Yang ada hanyalah jatuhnya budaya, benar-benar hancur total. Bahkan sebelum kudeta dan pertumpahan darah itu, kebudayaan Indonesia sudah tidak karuan. Sejak awal, kebudayaan Indonesia tidak pernah seperti di negeri Cina. Sejak beribu-ribu tahun lalu, orang-orang Cina sudah menulis karya sastra yang sangat hebat dan juga mencatatnya, sementara orang Indonesia hanyalah menulis tentang kekuasaan dan raja-raja yang bisa dilihat di dalam prasasti-prasasti. Terutama sekarang, Indonesia hanya mempunyai sedikit sekali intelektual. Hampir semua karya tentang Indonesia dibuat oleh orang asing.

T: Dua bulan yang lalu di Yogyakarta, Djokopekik, seorang pelukis ternama, mengatakan bahwa setelah kudeta setiap seniman yang penting di Indonesia dipenjarakan atau dipaksa pindah ke luar negeri. Dia mengakatan bahwa kreativitas kebudayaan hancur total setelah 1965. Apakah Bung setuju dengan pendapat ini?

J: Mereka ditahan bukan karena mereka seniman. Semua pendukung Soekarno ditahan, dan bahkan banyak di antaranya dibunuh. Rezim ini tidak membedakan antara seniman dan bukan seniman. Seniman yang tidak ditahan harus menerima aturan dari pemimpin yang baru, Orde Baru, dan ini berarti bahwa mereka harus tunduk kepada Soeharto. Soeharto itu orang yang tidak terpelajar, bahkan penggunaan bahasa Jawanya tidak karuan.

T: Apakah benar bahwa di dalam budaya Indonesia ada keinginan mendalam untuk menyandarkan keyakinan kepada sesuatu, selalu percaya kepada sesuatu, kepada keluarga, kepada salah satu agama yang diakui di sini, kepada kepemimpinan, dan kepada nasionalisme?

J: Keluarga kurang terdidik sehingga mereka tidak bisa mendidik anak-anaknya. Itulah mengapa orang Jawa kurang produktif, yang mereka tahu hanyalah bagaimana mengkonsumsi. Dan kalau kita tidak bisa berproduksi, maka kita hanya bisa menjadi kuli saja. Tanpa produksi tanpa karakter!

Sekarang Indonesia hanyalah sebuah negara kuli, jadi yang bisa diekspor, ya, kuli, dan menjadi negara pengekspor kuli terbesar di dunia. Mereka hanya bisa mengerjakan apa yang diperintahkan dan mau melakukan apa saja asal dibayar. Jangankan bicara tentang kreativitas, hal itu tingkatan selanjutnya. Sebelumnya, kita harus bisa berproduksi terlebih dahulu.

Kembali ke pertanyaan Anda tadi, sampai sekarang orang Indonesia masih percaya pada mitos. Pemikiran rasional datangnya dari Barat, dan mereka baru saja mulai mempelajari tentang hal ini. Kebanyakan orang masih sangat terbelakang. Kalau dibandingkan dengan Malaysia, kita ini masih sangat jauh ketinggalan. Saya melihat bahwa pemikiran orang Indonesia ini memang dalam proses pembusukan terus-menerus, dan saya tidak dapat berbuat apa-apa. Saya hanya bisa bicara saja di sana-sini, itu juga kalau diundang untuk berbicara. Tapi walaupun saya sudah bicara, sering sekali orang yang hadir tidak mengerti apa yang saya bicarakan. Mereka masih menganggap bahwa mereka mempunyai kebudayaan yang tinggi dan kaya, dan tetap mengagung-agungkannya.

T: Kelihatannya generasi muda di Indonesia sangat diindoktrinasi oleh struktur keluarga yang vertikal, kaku, dan sangat konservatif. Orang yang memilih meninggalkan agama yang diakui oleh negara akan dikucilkan, bahkan dihancurkan oleh keluarga mereka sendiri ataupun masyarakat. Apakah Bung menyarankan kepada generasi muda agar mereka berontak terhadap keluarga dan agama?

J: Memberontak atau tidak bukan itu masalahnya. Angkatan muda harus belajar untuk lebih rasional dan untuk bisa berpikir. Menurut saya, agama hanya mengajarkan orang untuk mengemis, karena berdoa kan sama saja dengan mengemis, tapi mungkin akan banyak orang yang tersinggung dengan pandangan saya ini. Kalau mereka bilang bahwa Tuhan itu adil, apakah mereka bisa menunjukkan keadilan yang ada di dunia sekitar kita ini? Kalau mereka mengatakan bahwa Tuhan itu Yang Maha Kuasa, saya tidak setuju. Menurut pendapat saya, segala sesuatu yang terjadi di bumi ini tergantung pada usaha manusia sendiri. Lebih baik mengandalkan kekuatan sendiri daripada tergantung pada yang di atas. Orang tidak boleh berbuat dan berpikir yang tidak rasional. Jangan punya harapan-harapan yang tidak rasional. Tapi sekali lagi, ini adalah pemikiaran saya sendiri dan mungkin orangorang yang beragama akan marah kepada saya karena saya bilang hal ini. Tapi sepanjang hidup saya, saya sudah ditahan, dirampas segala sesuatu, dan juga dihina selama 37 tahun. Bagaimana saya tidak memberontak terhadap semua hal yang menjadikan saya begini?

Kalau orangtua tidak benar, mengapa anak-anaknya harus hormat pada mereka hanya karena mereka lebih tua? Anak-anak itu ada karena peternakan diri orangtua. Di sini kata-kata indah bisa menjerumuskan. Peternakan disebut cinta dan mengemis disebut berdoa.

T: Seberapa sulitkah melawan arus di Indonesia? Agama mengajarkan banyak aspek negatif di masyarakat, tapi tidak ada yang berani mengkritik. Orang Indonesia tidak diberi kesempatan memperoleh buku-buku, artikel, dan film, yang bertentangan dengan agama. Mereka bahkan tidak diperbolehkan memperoleh informasi bahwa mayoritas penduduk di negara maju tidak tertarik lagi pada ajaran-ajaran agama. Dan resminya 97 persen orang Indonesia beragama. Bahkan ketika membaca buku-buku Bung, Bung sendiri tidak pernah mengkritik soal agama. Mengapa?

J: Sulit sekali untuk melakukan hal itu di sini. Agama memberikan harapan-harapan surga. Kalau kita bicara tentang terorisme, sumbernya selalu agama. Coba lihat bom-bom bunuh diri itu, mereka mau membunuh orang lain hanya karena perbedaan agama dan keyakinan. Itu karena mereka diberikan harapan dapat surga. Sangatlah sulit kalau kita mau bicara rasional kepada para ekstremis. Agama mengatakan janji surga itu berasal dari Tuhan, tapi menurut saya itu hanya buatan manusia saja. Semua yang menggunakan bahasa manusia adalah produk otak manusia. Tapi kalau saya ngomong begini, jangan tersinggung!

T: *Apakah Bung memang tidak pernah mengkritik indoktrinasi agama di dalam buku-buku Bung? Bagaimana dengan keadaan sekarang, ketika agama sangat mendominasi kehidupan masyarakat?*

J: Sekali lagi saya katakan, sangatlah sulit untuk melakukan hal itu di Indonesia. Kalau dilihat dari kacamata rasional, orang Indonesia masih bermental pengemis. Masih mengharapkan dari atas dan tidak percaya pada kekuatan sendiri. Karena itu kalau seseorang mengkritik agama, maka berarti dia mengkritik seluruh masyarakat Indonesia, dan saya kurang kuat untuk melakukan hal itu. Orang yang diberikan janji surga tadi berani melakukan apa saja. Coba lihat saja teroris lokal kita. Ketika dijatuhi hukuman mati mereka malah tertawa! Mereka berpikiran bahwa toh mereka bakal dapat surga.

T: Kadang-kadang terlihat orang Indonesia takut berpikir. Bukan hanya soal agama, tapi soal-soal substansial lainnya juga. Topik serius kelihatannya tidak hanya disensor oleh negara, tapi juga oleh masyarakat sendiri. Segala sesuatu yang dibicarakan hanya kulit luarnya saja, seolah-olah ada kekuatiran bahwa berpikir dan menganalisis dapat memperlihatkan kenyataan pahit yang membelenggu masyarakat Indonesia saat ini.

J: Ya, dan hal ini karena bangsa ini tidak mau mendidik dirinya sendiri. Jangan lupa bahwa yang membentuk adalah kebudayaan Jawa. Semua konsep berasal dari luar, tidak ada yang diwariskan dari nenek-moyang kita sendiri. Jangan lupa hal itu! Hukum, keadilan, kemanusiaan, semua itu hal baru untuk orang Indonesia. Pendidikan pun kita mengenalnya dari Belanda. Sekarang kenyata-annya pendidikan dijadikan alat pemerasan di Indonesia.

Pada saat orangtua memasukkan anaknya ke sekolah dasar, mereka sudah dimintai bayaran yang sangat tinggi. Hal yang sama terjadi sampai di perguruan tinggi. Ketika mereka lulus dari pergu-ruan tinggi, mereka jadi pengangguran. Kenapa bisa begini jadinya? Siswa-siswa kita ini tidak pernah diajarkan bagaimana berproduksi dan berkreasi. Orang hanya dididik di atas kertas saja. Yang ada hanyalah gudang ilmu pengetahuan saja.

Selain itu, guru-guru juga tidak lebih baik. Baru saja saya baca di suratkabar tentang kompetisi penulisan kembali sejarah Indonesia. Kompetisi ini diikuti oleh guru dan pelajar. Coba tebak siapa yang kalah? Guru-guru! Inilah potret keadaan kita sekarang. Jadi jangan berharap adanya pemikiran yang mendalam dari mereka.

T: Kalau keadaan sudah sedemikian buruk, masihkah ada kemungkinan untuk perubahan kearah yang positif?

J: Jangan tanya sama saya! Yang harus menjawab adalah angkatan muda. Ya, yang bisa mengubah hanyalah generasi angkatan muda. Tapi angkatan muda sekarang bahkan belum bisa melahirkan pemimpin! Bagaimana ini?

T: Tapi angkatan muda yang ada sekarang ini dibesarkan di era kediktatoran yang jelas-jelas menggunakan metoda-metoda penyalahgunaan informasi dan cuci otak. Tidakkah mereka malah berada di posisi yang lebih buruk daripada generasi sebelumnya, yang paling tidak sudah mengalami apa itu kemerdekaan dan alternatif sistem yang lain sebelum 1965?

J: Betul sekali, inilah salah satu masalah utama kita: angkatan muda! Tapi pada siapa lagi ini menyandarkan harapannya kalau bukan pada angkatan muda? Sejarah Indonesia selalu dibuat oleh angkatan muda, sejak Sumpah Pemuda. Yang paling akhir mereka buat sejarah pada saat mereka menggulingkan Soeharto.

Saya selalu mengatakan kepada mereka: "Masalahnya adalah kalian tidak bisa melahirkan seorang pemimpin!" Saya sering berbicara mengenai hal ini, menghimbau mereka untuk mengadakan Kongres Nasional Pemuda, sehingga mereka bisa memilih seorang pemimpin. Tapi sampai sekarang belum ada gerakan ke arah sana.

T: Bung mengatakan tentang rasionalisme dan logika Barat dalam kaitannya dengan keterbelakangan Indonesia. Bukankah rasionalisme dan logika Barat ini yang membawa kita kepada era imperialisme dan kolonialisme, dan bahkan mendukung kudeta 1965 di negeri ini?

J: Bukan begitu. Anda hanya mengatakan hal buruknya saja. Ada juga hal-hal positif yang bisa diperoleh dari rasionalisme dan logika itu. Coba lihat kebalikannya: Soeharto tidak pernah berpikir rasional, dia hanya mengandalkan perasaannya saja. Saya mencoba melihatnya secara dialektik.

Penjajahan Barat membawa kebaikan juga. Sebagai contoh, kesatuan Indonesia diciptakan oleh Belanda. Kita mengenal administrasi dan pemerintahan dari Belanda. Demikian pula dengan hukum dan pendidikan. Dan apa yang kita lakukan setelah kita mengenal semua itu? Pendidikan dijadikan alat pemerasan di Indonesia. Hal ini terjadi dari mulai sekolah dasar sampai universitas. Dan ketika mereka lulus, banyak yang jadi penganggur. Itulah Indonesia yang merdeka!

T: Tapi kekuatan kolonial Barat ini menghancurkan berjuta-juta orang dan seluruh budaya di area yang sekarang kita kenal sebagai Amerika Latin. Juga menghancurkan seluruh benua Afrika dan sebagian besar benua Asia, termasuk Indonesia yang dijarah dan dieksploitasi oleh pemerintahan kolonial Belanda.

J: Itu memang sudah spirit zamannya. Pada masa itu, kolonialisme tidak dapat dihindari. Tidak ada yang bisa melawan ataupun menghentikan eksploitasi dunia bagian Selatan oleh mereka yang berasal dari Utara. Omong-kosong kalau kita sekarang mengatakan bahwa kolonialisme bisa dihentikan pada saat itu. Belahan dunia bagian Utara terlalu kuat pada saat itu. Semua ini fakta dan memang sudah spirit zamannya begitu. Tapi secara dialektik, situasi ini juga membawa beberapa kebaikan. Kita bisa mempelajari tentang Barat, dan Barat bisa mempelajadi sesuatu dari kita. Yang mempersatukan Indonesia itu Belanda, bukan oleh orang pribumi.

T: *Tapi apa yang terjadi pada 1965? Bukankah ini suatu contoh dari apa yang Bung sebut sebagai rasionalisme Barat? Amerika Serikat membutuh-kan akses tenaga kerja yang murah dan pasar untuk perusahaan-perusahannya serta kepenting-an geopolitiknya. Mereka juga bertujuan menghan-curkan pemerintahan Soekarno yang cenderung kiri, yang pada waktu itu sudah menjadi terlalu berpengaruh di taraf regional, dan bahkan lebih luas daripada itu...*

J: Memang benar, itu adalah strategi Amerika yang ingin membuat seluruh dunia ini menjadi ladang dolarnya. Dan Soekarno tidak setuju dengan rencana ini, sehingga mereka bertekad untuk menyingkirkan dia. Ini adalah contoh negatif dari rasionalisme Barat tadi. Tentu saja Amerika sudah berpengalaman dalam hal-hal ini. Para pendatang datang ke Amerika dan akhirnya menghancurkan seluruh Indian, penduduk aslinya. Salah satu hal yang sangat aneh sewaktu saya berkunjung ke Amerika Serikat adalah bahwa semua bangsa di dunia punya restoran di Amerika, tapi tidak ada satupun restoran Indian. Hal yang sama juga terjadi di Australia, tidak ada restoran Aborigin.

T: Tidakkah lebih baik dan lebih alami jika belahan dunia ini mengembangkan idenya sendiri tanpa pengaruh dunia Barat, tanpa kolonialisme.

J: Kalau begitu, tidak akan ada yang namanya Indonesia. Suku-suku lokal masih akan terus berperang antar mereka sendiri, sampai sekarang. Kita tidak mempunyai catatan tentang peperangan ini. Pencatatan baru ada setelah zaman penjajahan. Penjajahan Belanda berhasil menghentikan peperangan antar kelompok di daerah yang sekarang ini kita sebut Indonesia. Akibatnya, populasi terus bertambah, terutama di Pulau Jawa, yang sekarang menjadi yang terpadat di dunia. Selain itu, pernjajahan juga memperkenalkan, antara lain, hukum dan kepolisian modern. Sekali lagi, saya mencoba melihatnya secara dialektik. Hal buruk di masa lalu harus diimbangi dengan hal yang baik, dan sebaliknya.

Tapi saya setuju dengan Anda bahwa negara-negara Utara memang hanya tertarik untuk menjarah sumberdaya alam negara-negara Selatan, dan bukan untuk menolong orang-orang yang ada di sana.

T: Sebagai seorang penulis paling hebat di Indonesia, apakah Bung benar-benar percaya

85

bahwa negara ini kehilangan sesuatu dengan mengumumkan kemerdekaannya?

J: Kemerdekaan sudah pasti harus diperoleh. Tapi apa yang dilakukan setelah merdeka yang lebih penting. Orang menjadi tidak menghormati hukum karena tidak ada yang ditakuti lagi. Sebelumnya mereka takut kepada Belanda. Yang saya tahu, setidaknya di Indonesia sekarang ini, tidak ada kaum elit yang tahu wawasan ke-Indonesia-an untuk membangun negeri ini. Semua inginnya menjadi petinggi, pembesar, tapi tidak ada prestasi pribadinya. Kosong! Bisanya cuma ngomong saja!

Sekarang ada gerakan antipolitikus busuk, tapi mana ada politikus yang tidak busuk di sini? Jadi memang saya harus bilang pemerintahan kolonial dulu lebih baik dari pemerintahan yang ada sekarang ini. Memang kurang enak didengar ya, tapi coba saja lihat di sekitar Anda. Siapa yang bisa dipilih sebagai calon presiden. Tidak ada seorangpun yang punya wawasan ke-Indonesia-an, dan tidak seorangpun punya prestasi individual. Yang bisa mereka lakukan hanya bicara omong-kosong saja. Tidak ada kampanye yang benar-benar, karena tidak ada yang bisa mereka bicarakan. Buat saya, mereka semua hanyalah badut-badut.

Sebagai contoh, lingkungan hidup di Indonesia ini dihancurkan setiap hari, tapi tidak satupun politikus kita ataupun calon presiden kita yang membicarakan hal ini. Hutan-hutan kita juga dijarah orang setiap hari dan negara tetangga kita mendapatkan keuntungan dari hal ini, tapi tidak satupun calon presiden yang mau membicara-kannya. Mereka bahkan membiarkan pekerja-pekerja Malaysia melakukan penebangan hutan di negara kita. Kok kita cuma bisa diam saja melihatnya? Ketika hutan dijarah, tidak ada yang bisa dimintai pertanggungjawaban. Jadi apa yang bisa kita harapkan dari para pemimpin kita? Kaum elit Indonesia sekarang ini bertindak sama dengan apa yang dilakukan kaum penjajah dahulu. Yang penting bagi mereka adalah bagaimana memperoleh uang untuk dirinya sendiri.

T: Kembali ke Indonesia setelah 1965. Di kebanyakan masyarakat pasca kediktatoran, termasuk di antaranya Argentina, Uruguay, Chile, dan Afrika Selatan, paling tidak selalu ada oposisi ataupun perlawanan. Mengapa di Indonesia tidak ada perlawanan atau pemberontakan bersenjata walaupun sudah kehilangan 800 ribu sampai tiga juta jiwa? Apakah karena budayanya, yang Bung sebut sebagai Jawanisme?

J: Bagaimana akan melawan? Kekuatan riil berada di tangan militer, dan administrasi dikontrol sepenuhnya oleh Golkar. Gabungan dua hal inilah yang menjadi Orde Baru. Buat mereka, mudah sekali untuk membunuh orang! Kudeta itu sendiri diikuti dengan pembantaian sekitar dua juta orang, jadi rakyat ketakutan. Bahkan kaum intelektual tidak berani melawan Orde Baru. Dan Barat mendukung kediktatoran Soeharto ini. Kaum intelektual Indonesia menggelesot ke tanah, nggak ada yang menentang. Yang menentang itu orang-orang intelektual Indonesia yang di luar negeri;

87

tidak di dalam negeri. George Aditjondro itu yang sangat garang melawan.[19]

Hal ini juga berhubungan dengan Jawanisme, taat dan setia pada atasan, semua berakar dari Jawanisme, kebudayaan Jawa. Orang Indonesia itu penakut. Sampai sekarang mana ada yang berani membawa Soeharto ke pengadilan? Hanya beberapa orang saja yang berani mengangkat isu ini, sampai sekarang. Kebanyakan orang Indonesia masih sangat ketakutan, dan mereka hanya meng-iyakan saja. Kalaupun ada beberapa orang yang berani melawan, mereka ini tidak bersatu, jadi tidak bisa membangun satu kekuatan yang cukup kuat.

T: Media massa berpengaruh sangat besar kepada penduduk Indonesia bagaimana melihat negerinya sendiri dan dunia. Bagaimana pendapat Bung tentang media massa di negeri ini? Apakah menurut Bung sekarang lebih bebas ketimbang sebelum kejatuhan Soeharto?

J: Mereka masih menjadi boneka saja. Mereka hanya menjadi juru bicara kaum elit dan militer. Sekarang keadaannya sudah sedikit lebih baik, paling tidak sudah ada beberapa media elektronik yang bebas. Jadi mereka yang berkuasa tidak bisa

---

[19] Dr George Aditjondro adalah seorang sarjana yang selalu megkritik pendudukan Indonesia atas Timor Timur dan selalu menekankan pentingnya demokrasi di Indonesia. Dia pernah tinggal di pengasingan di Australia. Selama beberapa waktu dia mengajar sosiologi di Universitas Newcastle, Australia, dan kini aktif mengorganisasi gerakan penguatan masyarakat di Palu, Sulawesi Tengah.

seenaknya menutup-nutupi apa yang terjadi seperti sebelumnya.

Salah satu kasus yang sedang ramai dibicarakan adalah kasus Tommy Winata dan majalah *Tempo*.

T: Mengapa orang Indonesia banyak yang tidak mau tahu tentang apa yang sebenarnya terjadi di negerinya sendiri? Hampir di semua negara yang dikuasai oleh diktator, orang-orang terpelajar menerbitkan dan menyelundupkan buku-buku dan jurnal-jurnal yang menceritakan tentang apa yang terjadi di negerinya. Dalam kebanyakan masyarakat di bawah rezim totaliter, orang biasanya haus kebenaran, dan hasilnya seringkali lebih tahu daripada mereka yang hidup di negara-negara demokratik. Mengapa hal ini tidak pernah terjadi di Indonesia? Mengapa mereka tidak ingin tahu tentang apa yang terjadi di masa lalu, tentang posisinya di dunia sekarang ini, tentang sistem politik dan sosial, tentang kekejian yang berlangsung di Timor Timur, Aceh, dan Papua?

J: Saya tidak tahu bagaimana menjawab pertanyaan ini. Sejak kecil saya sudah membaca surat kabar dalam bahasa Indonesia, bahasa Jawa, dan Belanda. Tapi sekarang ini, bahkan di keluarga saya sendiri, anak dan cucu saya tidak mau membaca surat kabar. Saya tidak pernah mengerti mengapa hal ini bisa terjadi. Mengapa mereka tidak mau baca koran? Mengapa mereka tidak tertarik untuk tahu lebih banyak hal-hal yang penting yang terjadi di negeri ini? Mereka tidak lagi punya budaya membaca, mereka lebih senang menonton televisi. Ini yang terjadi di keluarga saya sendiri, dan saya rasa hal yang sama terjadi di kebanyakan orang Indonesia. Mereka hanya menonton televisi, dan tidak punya keinginan untuk menambah ilmu.

T: Mengapa hanya sedikit buku bagus yang tersedia di Indonesia? Orang harus pergi ke toko buku berbahasa Inggris untuk membeli karya-karya penting pemikir dan penulis kontemporer. Apakah ini dikarenakan hanya kaum elit yang membaca buku di negeri ini, kaum elit yang mengerti bahasa Inggris, ataukah karena kurangnya penerjemah yang cakap?

J: Masyarakat Indonesia baru belajar untuk menyukai membaca sejak kemerdekaan. Sebelum-nya mereka belum mengenal budaya membaca ini, walaupun tentu saja ada beberapa pengecualian. Karena tidak ada budaya membaca ini maka tidak ada pula budaya menulis dan menerjemahkan. Di sinilah masalahnya! Sekarang ini bahkan Malaysia sudah jauh meninggalkan kita. Walaupun pendu-duknya jauh lebih sedikit daripada kita, tapi mereka memproduksi lebih banyak karya sastra daripada kita. Jadi seperti yang sudah kita bicarakan sebelumnya, orang Indonesia tidak diajarkan untuk berproduksi.

Pada saat yang bersamaan, wirausahawan Indonesia juga tidak tertarik untuk mempromo-sikan karya-karya sastra. Harga buku sangat murah di sini, dan hanya diterbitkan dalam jumlah yang tidak banyak. Jadi buat mereka menerbitkan karya sastra bukanlah usaha yang menarik dan menguntungkan. Penerjemah dibayar dengan sangat murah. Jadi ini bukanlah pekerjaan yang dinikmati.

Saat ini tidak ada yang mendukung perkembangan karya sastra di Indonesia. Ketika masih muda dulu, saya harus menulis setidaknya empat artikel setiap bulan untuk dapat hidup. Kemudian ketika saya mulai menulis untuk majalah Star Weekly saya bisa hidup hanya dengan menulis satu artikel saja. Menulis itu berat, tapi hidup dari menulis saat ini semakin sulit. Idealnya, penulis harus bisa hidup dari menulis. Saya bisa hidup dari menulis, tapi ini hanya karena saya dibayar dari buku-buku saya yang diterbitkan di luar negeri.

T: Tapi apakah tidak lebih berbahaya bahwa kaum elit dan intelektual akan lebih suka berbahasa Inggris dan tidak mengenal bahasanya sendiri?

J: Tentu saja! Orang Indonesia lebih suka segala sesuatu yang berbau luar negeri. Lebih banyak ke luar negeri, semakin mereka merasa menjadi orang penting. Dan bahasa Indonesia sekarang ini sudah kocar-kacir tidak karuan. Dulu bisa berkembang dalam masa penjajahan Jepang, terutama karena Jepang melarang orang untuk menggunakan bahasa musuhnya. Pada saat itu bahkan ada yang namanya Komisi Istilah, dan pekerjaannya adalah menerjemahkan kata-kata asing ke dalam bahasa Indonesia. Pada waktu itu Bahasa Indonesia menjadi bahasa yang wajib digunakan. Sekarang orang mencampuradukkan bahasa Indonesia dengan bahasa asing. Jadinya seperti: "Ayo kita *happy-happy* ke sana!"

Sangat berbeda dengan di negara lain. Bahkan di Jerman, semua kata-kata yang berasal dari bahasa asing harus diterjemahkan ke dalam bahasa mereka sendiri. Kata-kata dalam bahasa Indonesia banyak yang berasal dari bahasa asing, termasuk bahasa Arab. Adil berasal dari bahasa Arab, juga adab dan beradab. Demikian pula hukum, walaupun konsep hukumnya sendiri berasal dari negeri Barat. Hal ini berarti bahwa banyak sekali kata-kata dalam bahasa kita tidak berasal dari nenek-moyang kita. Orang masih berpikiran bahwa kalau mereka menggunakan bahasa asing, maka mereka akan kelihatan menjadi lebih intelektrual. Intelektual macam apa itu?

T: Apakah cukup adil mengatakan bahwa negara Indonesia di bawah kekuasaan Soeharto mengalami de-intelektualisasi dengan budaya televisi, opera sabun, dan musik pop yang terutama berasal dari Amerika? Apakah Soeharto memang sudah merencanakan untuk mencipta-kan masyarakat yang dangkal tingkat intelektuali-tasnya sehingga tidak dapat menentukan sendiri masa depannya?

J: Soeharto dan rezimnya memang tidak punya idelaisme. Itulah sebabnya mengapa yang dikembangkan di bidang kebudayaan hanyalah hiburan. Hiburan yang makin lama makin tidak masuk akal. Gombal semuanya itu! Otak manusia yang normal tidak akan bisa menyerap itu. Segala sesuatu menjadi kosong-melompong. Rakyat

Indonesia disuapi dengan segala macam kebohongan. Televisi lokal menayangkan banyak sekali pahlawan, tapi kenyataannya negara ini dijajah berabad-abad lamanya tanpa adanya perlawanan. Pahlawan macam apa yang kita punya ini? Pahlawan kemajuan yang sesungguhnya tidak pernah dihormati, bahkan tidak pernah disebut dalam buku sejarah. Pahlawan-pahlawan seperti Yamin, Marco, dan Tirto.

Setelah dihujani dengan budaya yang seperti ini selama berpuluh tahun, negeri ini hanya tahu dan kenal satu saja: hiburan, terutama perjuangan ke arah tempat tidur dan peternakan diri. Semua ini sudah direncanakan oleh rezim Soeharto, sehingga tumbuh budaya yang tidak usah berpikir dan gampang untuk diperintah. Jadi dua pilar yang dibangun pasca tahun 1965 adalah hiburan dan penindasan.

Pramoedya Ananta Toer, Andre Vltchek, Rossie Indira

94

KARYA SASTRA

T: Bung adalah penulis Indonesia terbesar sepanjang sejarah. Apakah karya-karya sastra Bung membawa dampak pada bangsa ini?

J: Ada sekelompok anak muda yang menama-kan dirinya "Pramis" (tertawa). Kelihatannya cukup ada dampaknya, bahkan Gus Dur, setelah memba-ca karya saya "Tetralogi Buru", menyatakan bahwa karya saya itu bisa menjadi bacaan wajib. Namun demikian, di Indonesia orang masih saja membica-rakan tentang pribadi saya, bukan karya saya. Sebagai penulis, saya tidak selalu diakui. Banyak sekali buku tentang karya sastra Indonesia yang bahkan tidak mencantumkan nama saya.

Saya mendokumentasikan apa yang sudah ditulis mengenai saya di sini dan di luar negeri. Saya mengumpulkan dan menyimpannya setiap tahun. Bahkan saya suka membuat statistik. Biasanya mencapai 600 sampai 1.000 halaman setiap tahun. Sebagian dokumentasi saya juga pernah disimpan di *Library of Congress* di Amerika Serikat. Ceritanya begini: Dua tahun yang lalu ada suatu gerakan pemuda Islam yang mencari dokumen-dokumen yang berhubungan dengan karya saya. Mereka berniat untuk merampas dan menghancurkan semuanya. Akhirnya semua dokumentasi itu diselamatkan oleh kedutaan Amerika, yang membawa semua dokumen itu ke kedutaan. Ketika situasi sudah tenang kembali, mereka mengembalikannya kepada saya, tapi sudah berantakan, tidak urut lagi. Kata mereka, mereka membuat copy dari semua dokumentasi tersebut dan mengirimkannya ke *Library of Congress*.

T: Sepanjang pengetahuan saya, Bung hanya menggunakan bahasa Indonesia dalam menulis. Bahasa Indonesia merupakan suatu bahasa yang indah, tapi apakah cukup kaya? Apakah bahasa ini cukup baik untuk menulis novel?

J: Bahasa Indonesia jadi brengsek sekarang ini, apalagi kalau kita perhatikan apa yang ditulis oleh media massa. Kalau mereka tidak menemukan padanan suatu kata, maka mereka langsung menggunakan bahasa Inggris. Kan brengsek jadinya dan tidak berkarakter. Salah satu bahasa yang saya kagumi adalah bahasa Jepang.

Namun demikian kalau untuk menulis, menurut saya, bahasa Indonesia sudah cukup baik. Kalau saya tidak bisa mengekspresikan diri dalam bahasa Indonesia, saya pakai bantuan beberapa kata-kata dari bahasa Jawa. Bagaimana lagi? Sebagai contoh, Komisi Istilah tidak punya pengaruh dan tidak bisa membuat peraturan yang menjaga kemurnian bahasa Indonesia. Dalam masa penjajahan Jepang, komisi ini sangat efektif karena didukung oleh penguasa Jepang, yang melarang penggunaan bahasa musuhnya. Tapi saat ini komisi ini sangatlah pasif.

Orang tidak peduli akan perkembangan bahasanya sendiri. Hal ini dianggap sepele saja. Saya pernah menulis tentang sejarah bahasa Indonesia, tapi sayang naskahnya termasuk naskah yang dibakar pada masa rezim ini. Saya tidak pernah menuliskannya lagi. Seperti yang Anda tahu, menulis itu sulit untuk diulang.

T: Bangsa ini berpenduduk 200 juta jiwa. Selain Bung, apakah ada penulis, pembuat film, atau seniman lain yang menyerukan moralitas tinggi untuk bangsa ini dan menjadi simbol oposisi?

J: Tidak ada. Seorang penulis muda yang saya masih bisa baca karyanya, paling tidak 5-7 halaman, adalah Seno Gumira Ajidarma, tapi jangan lupa dia dibesarkan di luar negeri, di Amerika Serikat. Pandangan-pandangannya lebih demokratis daripada yang lain. Tapi saya tidak pernah bisa baca karya penulis-penulis Indonesia generasi terdahulu. Bukan berarti saya sombong, tapi memang begitu kenyataannya.

T: Setiap bangsa yang besar, seperti China, India, Rusia, Amerika Serikat, Brasil, dan Jepang mempunyai penulis terkenal yang tidak terhitung jumlahnya. Nigeria, negara yang mempunyai masa lalu sama brutal dan kompleksnya dengan Indonesia, menghasilkan penulis sastra yang mendunia, seperti Soyinka, Achebe, dan Habila, termasuk suara-suara baru yang berani, seperti Chimamanda Ngozi Adichie. Mengapa Indonesia dewasa ini tidak bisa melahirkan novelis dan penyair besar? Mengapa hanya Bung yang bisa

97

menjadi penulis yang berpengaruh di Indonesia?

J: Situasi di sini sangat berbeda. Pengalaman hidup kebanyakan penulis Indonesia sangatlah berbeda dengan pengalaman hidup saya. Sepanjang hidup saya berjuang. Awalnya berjuang melawan penjajah Jepang, dan kemudian saya berjuang dalam masa revolusi. Saya sangat kagum dengan idealisme Soekarno: *Nation and character building*. Hal inilah yang tidak ada sekarang ini. Tidak ada seorangpun yang membicarakan tentang *nation and character building*. Para penulis seharusnya punya tanggungjawab moral yang tinggi untuk bangsanya. Mereka tidak bisa hanya menulis semaunya saja. Saya sadar akan hal itu sejak awal, dan itulah yang membedakan saya dengan penulis lainnya.

T: Apakah agama dan kepatuhan berkonfrontasi langsung dengan kreativitas?

J: Kalau saya jawab pertanyaan Anda dengan jujur, maka akan banyak orang yang marah...

T: Delapan naskah Bung yang tak ternilai telah dihancurkan oleh militer. Apakah ada trauma atas kejadian tersebut?

J: Penghancuran naskah tersebut adalah hal yang paling menyakitkan dan sangat traumatis. Saya masih merasakan kepedihan itu sampai sekarang. Kalau saya ingat apa yang terjadi, saya masih merasa sangat kesakitan, terutama karena saya tahu bahwa saya tidak akan pernah bisa menulis kembali buku-buku itu. Tapi pada saat itu saya sudah di dalam tahanan, jadi tidak ada yang bisa saya lakukan untuk menyelamatkan naskah-naskah itu. Naskah-naskah tersebut belum diterbitkan pada saat itu, karena pada saat itu saya dituduh komunis dan penerbit Indonesia takut untuk menerbitkannya.

T: *Naskah apa saja yang waktu itu dihancur-kan?*

J: Serial Kartini, tiga buku, dan satu kumpulan tulisan asli Kartini yang tersebar di majalah-majalah di Belanda, dan juga tulisan dia yang menggunakan nama ayahnya karena dia masih di bawah umur. Kemudian sebuah buku mengenai sejarah bahasa Indonesia. Dua volume lanjutan dari buku Gadis Pantai. Tapi sayang saya tidak ingat lagi satu naskah yang kedelapan.

T: *Bagaimana reaksi Bung terhadap aksi barbar ini?*

J: Apa yang mereka lakukan terhadap buku-buku saya merupakan pembunuhan karakter. Sekarang saya hanya merasa kasihan kepada orang-orang yang melakukan hal itu, karena itu hanya menunjukkan betapa rendah budayanya. Saat itu saya menganggapnya tantangan terhadap pribadi saya, dan saya menjawabnya dengan terus menulis di penjara. Tulisan saya merupakan jawaban dan menunjukkan kepada mereka bahwa budaya saya lebih tinggi daripada mereka. Begiulah saya melawan mereka. Saya tidak tahu bagaimana orang lain berjuang, tapi itulah yang saya lakukan. Saya selalu diajarkan untuk selalu berjuang, dan hal inilah yang membuat saya masih hidup sampai sekarang! Banyak teman-teman saya yang sudah tidak ada lagi sekarang.

T: Apa dampak pengalaman ini terhadap kehidupan kreatif Bung? Apakah ada kemarahan yang Bung pendam setelah menjalani kehidupan di dalam tahanan dan kamp konsentrasi, juga setelah naskah-naskah Bung dibakar oleh rezim ini?

J: Saya tidak marah sama sekali. Saya benar-benar melihatnya sebagai contoh betapa rendahnya budaya bangsa saya. Dan saya menggunakan tulisan-tulisan saya untuk memper-lihatkan bahwa budaya saya jauh lebih tinggi. Tulisan saya merupakan serangan balik! Saya tidak pernah menyerah, sampai sekarang. Jurang komunikasi antara saya dengan orang lain di Indonesia terkadang terlalu besar. Suatu kali saya dipanggil ke Kejaksaan Agung. Orang yang menemui saya bicara sampai dua jam, menghabiskan bercangkir-cangkir kopi, tapi saya tidak mengerti apa maksudnya. Baru setelah dua jam dia berkata: "Pak Pram, kami dari Kejaksaan Agung ingin agar Bung berubah sedikit saja." Saya menjawab: "Lo, yang membuat saya begini, kan, bangsa saya sendiri. Kalau mereka mau saya berubah, ya, mereka juga harus berubah dong. Dan kalau setelah ini Anda mau panggil saya lagi, saya tidak akan datang. Kalau perlu, silakan Anda datang ke rumah saya."

T: Bagian pertama Gadis Pantai *berakhir dengan nenek Bung meninggalkan keraton, di mana dia dihina dan dipermalukan. Bagaimana kelanjutan kisah ini, apa yang Bung tulis di bagian II dan III novel ini?*

J: Ceritanya berlanjut dengan hubungan antara nenek dan ibu saya, juga termasuk kesaksian saya sendiri.

T: Gadis Pantai agaknya merupakan novel Bung yang paling berani mendefinisikan apa itu Jawanisme dengan gaya yang puitis dan lembut. Novel ini menggambarkan kultus kepatuhan dan hirarki.

J: Benar sekali. Itu adalah kritik saya terhadap Jawanisme. Saya sangat anti-Jawanisme.

T: Bukan hanya kritik, banyak pula digambarkan cinta dan pengertian tentang Jawa dan budayanya. Apakah memang ditujukan untuk hanya menjadi kritik ataukah juga merupakan suatu penghargaan?

J: Apakah Anda melihatnya demikian? Dari berbagai bentuk budaya Jawa, yang saya suka cuma gamelan (*tertawa*). Saya tidak suka tarian Jawa, saya lebih suka tarian Flamenco (*tertawa*).

T: Ketika membaca buku Gadis Pantai di luar negeri, saa merasa bahwa memang bukan hanya kritik atas budaya Indonesia ataupun Jawa...

J: Tapi memang begitu adanya. Orang Jawa hanya tahu bagaimana kerja dan patuh. Mereka tidak peduli apakah mereka diperas dan siapa yang memeras mereka. Mereka hanya bekerja. Jadi, sebagai bangsa, pada akhirnya mereka hanya punya satu mimpi atau cita-cita: Bagiamana supaya tidak usah bekerja lagi. Tapi kenyataannya mereka tetap bekerja dan bekerja. Semakin lama mereka bekerja, semakin berat kerja mereka, dan semakin diperas. Saya sudah menulis tentang kehidupan orang Jawa kelas bawah di dalam buku saya *Cerita dari Blora,* walaupun pada saat itu saya belum bisa melihat situasinya secara menyeluruh seperti yang saya lihat sekarang. Pada saat itu saya hanya menuliskan apa yang saya lihat saja.

Ngomong-ngomong, *Cerita dari Blora* sudah diterbitkan di Amerika. Buku *Gadis Pantai* juga baru diterbitkan bulan lalu di Yunani. Saya gembira sekali.

T: Ketika menulis "Tetralogi Buru", apakah keseluruhan konsep ceritanya sudah ada di kepala atau Bung menulisnya satu persatu? Apakah idenya datang ketika Bung berada di Buru?

J: Sebelum dikirim ke Buru saya sudah punya konsep untuk "Tetralogi" dan sudah berniat menulis. Kertas kerja serial novel ini sangat luas. Sebagian dikerjakan oleh mahasiswa-mahasiswa saya. Ceritanya begini: Suatu hari datang seorang professor dari Universitas Leiden menemui saya dan meminta saya untuk mengajar di Universitas Res Publica. Saya jawab: "Bagaimana saya bisa mengajar di universitas kalau SMP saja saya tidak tamat?!" (tertawa). Tapi dia memaksa saya terus dan akhirnya saya terima juga. Ketika di depan kelas, saya tidak tahu harus bagaimana mengajar mereka. Akhirnya saya punya ide. Saya minta mahasiswa-mahasiswa saya untuk mempelajari surat kabar dimulai dari awal abad dan buat kertas kerja untuk setiap era di dalam sejarah. Naskah kerja inilah yang memberikan ide untuk konsep serial novel saya "Tetralogi Buru". Dengan menggunakan kertas kerja mahasiswa saya tersebut saya juga bisa menulis buku *Sang Pemula*. Dengan konsep di kepala dan kertas kerja mahasiswa tersebut semuanya menjadi mudah, tinggal duduk di depan mesin tik saja.

T: Bagaimana cara Bung menulis? Apakah Bung pakai pena atau mesin tik? Berapa kali Bung menulis kembali naskah-naskah Bung?

J: Saya pakai mesin tik, dan kalau menulis sekali jadi, tidak pernah ada penulisan kembali. Beginilah saya berkreasi, hanya dalam satu kali tulis saja, tidak pernah menulis kembali. Dan setelah buku itu diterbitkan, saya tidak pernah membacanya lagi. Kalau saya baca kembali maka selalu saja ada keinginan untuk mengubah sesuatu (*tertawa*). Tapi di kamp kerja paksa Buru saya harus menggunakan pena.

T: Pada usia berapa Bung memutuskan menjadi penulis?

J: Saya mulai menulis di tahun 1947, karena pada saat itu saya harus membiayai adik-adik saya. Pada saat itu saya menulis seperti orang gila untuk mendapatkan uang. Saya tidak bisa kerja yang lain selain menulis (*tertawa*). Bisa dikatakan bahwa saya menulis untuk makan. Dari sejak awal kelihatannya pembaca menyukai tulisan-tulisan saya, jadi, ya, saya teruskan.

Ngomong-ngomong, sebentar lagi karya-karya awal saya dahulu akan segera diterbitkan lagi. Saya bahagia kalau mereka menerbitkan kembali buku-buku lama saya, mungkin karena saya sudah tidak bisa menulis lagi. Tapi tidak tahu kenapa, ya, mungkin karena saya terlalu banyak merokok barangkali? (*tertawa*)

T: Bagaimana kebiasaan Bung menulis? Di siang hari atau di malam hari? Apakah Bung punya jadual untuk menulis?

J: Saya tidak pernah punya jadual dan saya menulis kapan saja saya mau. Kalau saya sedang tidak ingin menulis, ya, saya tidak menulis, mudah saja. Saya tidak pernah memaksa diri saya untuk menulis. Tidak ada kerja paksa terhadap diri saya sendiri.

T: Apakah Bung orang yang berdisiplin? Rata-rata, berapa lama waktu yang diperlukan untuk menulis satu novel?

J: Saya orang yang sangat tidak disiplin. Saya menulis semaunya, kapan saja, dan itu membuat saya merasa bebas. Itu sebabnya saya tidak pernah mendisiplinkan diri saya sendiri pada saat menulis novel. Semua tergantung sama semangatnya. Tidak pernah ada program. Jadi saya tidak bisa mengatakan berapa lama untuk menulis sebuah novel. Lain-lain untuk setiap buku.

T: Apa saja yang bisa menjadi inspirasi Bung?

*Bagaimana prosesnya sampai mendapat sema-
ngat untuk menulis? Apakah pada saat Bung jalan-
jalan, pada saat merokok, pada saat minum kopi?
Apakah sulit duduk di depan mesin tulis dan
menulis buku?*

J: Saya mendapatkan inspirasi dari kehidupan.
Ketika sesuatu menyinggung saya atau membuat
saya marah, saya mendapatkan inspirasi untuk
melawan. Menulis buat saya adalah perlawanan.
Di semua buku saya, saya selalu mengajak untuk
melawan. Saya dibesarkan untuk menjadi seorang
pejuang.

*T: Apakah Bung pernah dinominasikan
mendapatkan penghargaan Nobel untuk karya
sastra?*

J: Tentu saja. Hampir setiap tahun saya masuk
nominasi. Tidak mengherankan, karena karya-
karya saya sudah diterjemahkan ke berbagai
bahasa. Tapi saya tidak pernah mengharapkan
untuk mendapatkan hadiah tersebut. Kalau dapat,
ya, diterima, walaupun kalau dapat saya juga tidak
tahu apakah saya bisa pergi untuk menerima
penghargaan itu. Saya sudah tua sekarang ini.
Baru-baru ini saya mendapat undangan untuk
menerima penghargaan di Norwegia bulan depan
(Juni 2004 –ed.) untuk bidang sastra, tapi saya
tidak bisa pergi karena kesehatan saya tidak
memungkinkan.

*T: Apakah penghargaan Nobel mempunyai arti
bagi Bung, ataukah Bung hanya memandang
penghargaan tersebut sebagai penghargaan*

subyektif, konservatif, dan Eropa-sentris?

J: Buat saya tidak ada artinya apa-apa, mungkin itu sebabnya mengapa saya tidak terlalu mengharapkan untuk mendapatkannya. Kalau dapat penghargaan seperti itu, berarti buku-buku Anda lebih banyak laku. Dan kalau saya mendapatkan hadiah uang, saya akan menggunakannya untuk menyelesaikan proyek penulisan ensiklopedia saya. Saya sudah mengumpulkan materi sepanjang empat meter, tapi saya belum bisa menyelesaikannya. Saya mencoba untuk tidak terlalu mengharapkan apa-apa dari dunia luar. Saya belajar untuk mengandalkan diri saya sendiri. Bahkan saya tidak pernah minta apapun dari orangtua saya sendiri.

T: Apakah Bung pernah mencoba menulis kembali naskah-naskah yang dulu dihancurkan?

J: Tidak pernah. Saya hanya bisa menulis sekali saja. Keadaan dan perasaan yang dibutuhkan untuk menulis, kan, tidak bisa diulang kembali.

T: Baiklah, secara jujur apa sebetulnya perasaan Bung terhadap budaya dan masyarakat Jawa? Kita telah membicarakan hal ini selama berhari-hari, tapi saya merasa masih banyak hal yang Bung pendam. Bung seperti hanya menyoroti aspek-aspek negatifnya saja. Tapi bagaimanapun juga Bung adalah seorang penulis Indonesia asli. Semua yang Bung tulis adalah mengenai Indonesia. Bahkan pada saat membicarakan kejadian yang sangat buruk tentang budaya ini di masa lalu maupun sekarang ini, apakah perasaan

Bung masih campur-aduk antara kesakitan dan cinta? Ataukah hanya tinggal kesakitan dan kemarahan saja yang tinggal?

J: Ketika mengalami ketidakadilan, saya tidak merasa marah. Tapi saya menyadari bahwa budaya saya jauh lebih tinggi daripada mereka yang membuat ketidakadilan itu. Sampai sekarang saya masih merasa seperti ini. Ketika saya menerbitkan *Hoa Kiau di Indonesia*, saya langsung dituduh sebagai pengkhianat bangsa dan mereka memenjarakan saya tanpa lewat pengadilan.

Kalau bicara cinta, sejak muda saya sudah lakukan semuanya untuk Indonesia. Banyak orang yang menganjurkan agar saya tinggal di luar negeri saja, tapi akar saya di sini. Saya tidak bisa hidup di luar negeri, meskipun mungkin kalau saya tinggal di Amerika saya akan dibayar 2.000 sampai 5.000 dollar sekali bicara (*tertawa*).

T: *Tapi sementara Bung masih tinggal di Indonesia, kelihatannya Bung benar-benar tinggal di dalam dunia Bung sendiri.*

J: Saya masih berpikir tentang Indonesia sepanjang waktu, itulah mengapa saya masih merasa kesakitan yang luar biasa. Saya tidak punya organisasi ataupun media. Jadi, ya, begini ini, dideritakan sendiri. Dan saya sudah tidak bisa menulis lagi. Saya hanya bisa banyak bicara dan mengeluarkan unek-unek saya kalau ada tamu seperti Anda ini.

T: *Apakah Bung setuju dengan pendapat bahwa hal paling luar biasa yang bisa dilakukan oleh seorang penulis untuk bangsanya adalah ketika dia bisa mengungkapkan bagian paling kelam bangsanya itu?*

J: Tidak, saya tidak setuju dengan pendapat itu. Saya selalu melihat dunia ini secara dialektik. Jadi saya tidak pernah menggambarkan kejelekannya saja, tapi juga kebaikannya. Kalau saya gambarkan keburukannya saja, mungkin saya bisa sakit (*tertawa*).

T: Apakah Bung suka terbangun di malam hari dengan keinginan untuk menulis sesuatu yang mungkin terlupakan?

J: Biarpun ada keinginan itu, saya sudah tidak punya kekuatan untuk menulis atau memperbaikinya lagi. Saya benar-benar sudah tidak bisa menulis laig, bahkan satu kalimatpun. Saya ini sudah seperti kentongan yang bunyi kalau dipukul saja. Dan jangan lupa, tahun depan saya akan berusia 80 tahun, itu juga kalau saya masih hidup. Saya tahu bahwa ada orang seperti Chomsky yang hampir seusia saya tapi masih sangat aktif, tapi mereka kan tidak mengalami penderitaan seperti yang saya alami.

T: Siapakah figur di bidang sastra atau filsafat yang mempengaruhi tulisan Bung? Siapakah yang paling Bung kagumi?

J: Ketika masih muda, saya membaca pemikir-pemikir Yunani, dari mulai Aristoteles sampai Socrates. Setelah itu, saya tidak mengikuti pemikir-pemikir lainnya, karena sudah bosan. Tapi saya termasuk dipengaruhi oleh Maxim Gorki dan John Steinbeck. Saya suka realisme sosialis, karena itu suatu realisme yang berhubungan dengan masalah tanggungjawab sosial.

Seperti yang sudah saya katakan sebelumnya, saya bisa selamat dari Buru karena pengawasan dunia internasional. Oleh karena itu, saya ingin sekali lagi mengucapkan terimakasih saya kepada masyarakat dunia internasional. Bahkan keluarga saya juga disokong oleh dunia internasional, oleh beberapa orang-orang hebat, termasuk Günter Grass. Pernah suatu saat Günter Grass menghimbau Pemerintah Indonesia untuk membebaskan saya, tapi hasilnya dia malah diusir dari negeri ini. Pada tahun 1999 saya bertemu dengan Günter Grass di Jerman. Ketika saya pulang ke Indonesia setelah bertemu dengannya, saya baru tahu kalau dia baru saja mendapatkan penghargaan Nobel untuk karya sastra.

T: Dalam bahasa apa Bung membaca Maxim Gorki?

J: Saya membacanya dalam bahasa Inggris dan Belanda, tapi edisi bahasa Inggris yang diterbitkan di Moskwa.

T: Apakah Bung seorang Marxis?

J: Bukan, saya bukan Marzis, tapi "Pramis" (tertawa). Saya tidak pernah menganut suatu ajaran apapun, saya hanya mengikuti ajaran saya sendiri. Belajar dari pengalaman hidup sendiri. Tapi saya percaya pada keadilan dan kesetaraan sosial.

T: Apakah Bung benar-benar tidak akan menulis buku lagi?

J: Ya, tentu saja. Saya memang sudah tidak mampu lagi untuk menulis buku. Saya menyadarinya delapan tahun yang lalu. Kemudian pada tahun 2000 saya kena *stroke* ketika sedang bekerja di kebun. Saya sedang bekerja di kebun selama satu jam ketika tiba-tiba turun hujan sangat deras. Saya pergi ke gubuk dan tidur di sana. Ketika saya membuka mata, seluruh dunia kelihatan berwarna ungu dan saya kehilangan semua kekuatan saya. Ketika saya mencoba untuk meneruskan mencangkul, saya tidak bisa mengangkat cangkul itu. Hilang sudah semua kekuatan saya.

Saya sudah tidak bisa menulis lagi. Banyak sekali surat-surat yang datang dari seluruh penjuru dunia, tapi saya tidak bisa menjawabnya.

T: Tidak juga menulis artikel untuk koran dan majalah?

J: Sekarang ini saya hanya membuat *filing* saja. Yang akan saya terbitkan dalam waktu dekat hanyalah koleksi surat-menyurat saya. Di masa lalu saya menulis surat ke berbagai orang penting, termasuk kepada Presiden Clinton, tapi saya tidak bisa menemukan surat itu sekarang. Saya juga sedang mengumpulkan bahan-bahan untuk membuat ensiklopedia Negara Kepulauan Indonesia yang bisa memberikan pengetahuan yang lebih mendalam tentang desa-desa, kota, sungai, gunung, laut, dan lain-lain, tapi saya juga tidak bisa menyelesaikan proyek ini.

T: Kalau Bung masih punya kekuatan menulis, topik apa yang akan Bung tulis?

J: Saya sudah tidak ingin menulis lagi. Saya hanya tinggal menunggu hari akhir saja. Banyak orang yang mengatakan bahwa saya tinggal bicara saja dan mereka yang akan menuliskannya, tapi saya tidak biasa dengan kerjasama dengan orang lain. Saya pikir sudah cukup yang saya perlu katakan. Satu hal yang masih membuat saya sedih, dan karenanya saya setuju menulis buku ini dengan Anda, adalah tentang kondisi negara Indonesia yang sudah sangat buruk ini. Sangat jauh dari cita-cita saya semasa kecil.

Namun demikian, walaupun saya sudah tidak bisa menulis lagi, tandatangan jalan terus, tapi tandatangan bon! (*tertawa*)

Pramoedya Ananta Toer, Andre Vltchek, Rossie Indira

Soeharto, Rezimnya, dan Indonesia Saat Ini

T: *Apakah Bung bisa menyimpulkan tentang masa kediktatoran Soeharto? Apa bedanya dengan visi Soekarno untuk Indonesia dulu?*

J: Saya melihat masa Soeharto ini sebagai dekadensi moral yang sudah sangat parah. Selama masa Soekarno, modal asing sulit masuk ke Indonesia. Setelah kudeta di tahun 1965 Soeharto membuka pintu lebar-lebar untuk modal asing, dan dia dan antek-anteknya mendapatkan bagian yang sangat besar dari hal itu. Soeharto sendiri yang buka pintu, dan setelah itu mulailah penjarahan besar-besaran atas kekayaan negara kita. Dari sejak awal dia sudah bekerjasama dengan perusahaan-perusahaan asing, termasuk investasi Freeport di tambang emas di Papua, di mana dia juga dapat bagian. Pada awalnya Freeport mengatakan bahwa mereka akan melakukan eksplorasi tambang tembaga, ternyata kemudian seorang dokter dari Bandung yang bekerja di sana menemukan bahwa yang mereka tambang adalah emas. Dia membuat laporan mengenai hal ini agar pemerintah bisa menyelidikinya, tapi tak lama kemudian dia dipecat. Kemudian rumahnya diobrak-abrik orang dan seluruh dokumennya dicuri. Dokter ini pada akhirnya harus lari ke luar negeri dan sekarang tingga di Arab. Irian sekarang sudah hancur. Perusahaan tambang emas ini saja sudah menghancurkan tiga bukit di sana.

Tapi untuk hal ini saya tidak punya data, tidak bisa membuktikan. Soeharto dapat bagian dari berbagai bidang, karena modal asing tidak henti-hentinya masuk ke Indonesia. Salah seorang anaknya sekarang menjadi tuan tanah terbesar di Sumatera.

Soeharto sendiri hanya mengandalkan intuisinya dan obsesinya dengan kekuasaan, yang pada akhirnya memberikan kekayaan yang melimpah-ruah. Di bawah kekuasaannya, Indonesia kehilangan semua kebanggaan nasionalnya dan tidak ada prestasinya. Tidak ada sama sekali! Dan kandidat presiden yang sekarang ini tidak ada bedanya dengan dia. Apa prestasi individual mereka? Bisanya cuma bicara. Menurut pendapat saya, kalau Indonesia ingin maju, maka mereka paling tidak harus mempunyai wawasan kebangsaan, wawasan ke-Indonesia-an, dan mereka harus punya prestasi individual.

Soeharto menghancurkan semua yang sudah dibangun oleh Soekarno. Untuk obsesinya dengan kekayaan dan kekuasaan, segala sesuatu dirusak dengan korupsi, bahkan otak orang juga sudah sangat korup.

Soekarno membawa Indonesia ke arah yang sangat bertolak-belakang dengan itu. Menurut pendapat saya, pemerintahan Soekarno masih yang terbaik di Indonesia. Tapi dia punya banyak musuh dari negara-negara Barat, karena dia itu anti-kolonialisme, anti-kapitalisme, dan anti-imperialisme. Dia sudah menduga bahwa kaum Barat hanya ingin menjadikan dunia ini menjadi ladang dollarnya. Karena hal inilah mengapa dunia Barat, dengan Amerika sebagai biang keladinya, memutuskan untuk menyingkirkan Soekarno.

Tapi kembali lagi pada pertanyaan Anda: perbedaan yang mendasar anara Soekarno dan Soeharto adalah bahwa pada jaman Soekarno ditandai dengan idealisme, terutama amanatnya: *Nation and Character Building*. Soekarno tahu bahwa bangsa ini belum punya karakter atau identitas, dan karenanya kalau tidak dibangun, maka tidak akan bisa tumbuh.

T: Apa dampak kediktatoran dan kebijakan ekonomi Soeharto terhadap kehidupan mayoritas rakyat Indonesia? Dari pengalaman saya bepergian ke berbagai pelosok kepulauan ini, jelas sekali terlihat bahwa Indonesia, negara dengan penduduk terbesar keempat di dunia, sedang dalam proses kehancuran. Penderitaan ada di mana-mana, masyarakat tidak punya suara dan tidak ada alternatif kehidupan bagi mereka, dan pelayanan publik hampir tidak ada buat mereka. Korupsi merupakan yang terburuk di dunia, dan masyarakat tidak bisa mengandalkan perlindungan pada system hukum maupun polisi. Pendidikan seringkali digunakan hanya untuk indoktrinasi politik dan agama. Di masa lalu Indonesia bersaing dengan Malaysia dan Thailand, namun sekarang ini bahkan sulit untuk bersaing dengan beberapa negara termiskin di Asia Tenggara.

J: Bangsa Indonesia menjadi semakin sengsara, semakin miskin dan menderita. Sebelumnya Indonesia adalah salah satu negara pengekspor beras terbesar di dunia, sekarang kita harus mengimpor beras. Tidak hanya itu, sekarang beras murah diselundupkan pula sehingga banyak petani kita menderita. Hal yang sama terjadi dengan gula. Benar-benar tidak masuk akal. Produksi lokal sangat rendah dan belum berkembang. Tidak ada kebijakan pertanian di Indonesia, segala sesuatu jadi kacau-balau. Masa kita harus impor tusuk gigi, kotak suara, dan bahkan tinta untuk Pemilu! Sungguh memalukan! Katanya negara kita negara maritim, tapi kenapa kita harus impor garam?

Selama bertahun-tahun saya berpikir, mengapa Indonesia menjadi begini keadaannya? Saya berpikir dan berpikir, dan akhirnya kesimpulan saya adalah karena rendahnya budaya kita. Jelas sekali betapa rendahnya budaya kita. Tapi sebagai pelajar kita diajari untuk menjunjung tinggi budaya, dielus-elus, dipuji-puji. Hal lain adalah bahwa kita kurang dididik untuk berkreasi, sehingga tidak ada produksi. Tanpa produksi, tanpa karakter! Yang kita tahu hanya bagaimana mengkonsumsi, suatu peninggalan zaman Soeharto. Orang Indonesia tidak bisa berproduksi. Kalau kita sudah bisa berproduksi maka kita akan benar-benar merdeka. Kita akan termotivasi untuk berniaga dan membuat kreasi dengan nilai yang tinggi. Tapi kita tidak punya sistem pendidikan seperti itu, jadi bagaimana mau maju? Saya tidak tahu jawabannya, benar-benar tidak tahu.

Kalau ngomong soal Indonesia, jadi kebakaran!

Seharusnya Indonesia sudah menjadi negara yang besar dan kuat, karena kekayaan alamnya, tapi justru jadi budak. Kekayaan alam kita seharusnya digunakan untuk membuat bangsa ini menjadi bangsa yang kaya, tapi kenyataannya hanya membuat rakyat menjadi miskin dan menjadi budak. Itulah budaya kita. Dan hal ini sudah berlangsung sejak abad ke-16.

T: Bukan rahasia lagi bila kaum elit Indonesia yang baru tidak punya belas kasihan. Mereka tidak peduli pada penderitaan mayoritas orang yang hidup di negeri ini. Mereka memperkaya diri tanpa malu-malu, dengan menggunakan tenaga kerja murah, dengan menjarah sumberdaya alam, dengan menyalurkan bantuan dan utang luar negeri ke kantong mereka sendiri, dan dengan menempatkan kepentingan pemberi kerja asing dan kepentingan mereka sendiri di atas kepentingan bangsa Indonesia. Apakah kita bisa membandingkan kaum elit Indonesia, terutama mereka yang sudah mencapai posisi manajerial di perusahaan multinasional yang beroperasi di Indonesia, dengan mereka yang berkolaborasi dengan pemerintahan kolonial dahulu?

J: Itu adalah dua hal yang berbeda. Pada masa penjajahan mereka yang bekerja untuk Belanda dihotmati dan dihargai oleh bangsa Indonesia. Sekarang kondisinya berbeda. Mereka yang bekerja di perusahaan asing hanyalah pesuruh saja, dan semua orang tahu itu. Di masa lalu mereka yang bekerja untuk Belanda paling tidak masih punya pengaruh sosial, tapi tidak demikian dengan mereka yang menjadi pesuruh di zaman sekarang. Ketika saya masih kanak-kanak, cita-cita saya hanyalah menyelesaikan sekolah, belajar bahasa Belanda, dan selanjutnya bekerja sebagai pegawai negeri (*ambtenaar*).

T: Kiranya tidak tepat menyalahkan Soeharto atas semua perkembangannya yang terjadi pasca-1965. Tentunya akan mudah sekali jika memang demikian. Tetapi bukankah ini merupakan pelarian dari kenyataan? Tentu saja Soeharto adalah pemain utama, tetapi dia tidak sendirian. Beribu-ribu, bahkan mungkin jutaan orang mengambil keuntungan dari rezim ini. Banyak yang turut andil membentuk rezim ini. Siapa saja sebetulnya yang menjadi pemain utama di Indonesia pasca-1965?

J: Tentu saja Soeharto adalah pemimpinnya, biang keladinya. Dialah yang bertanggungjawab atas kemerosotan bangsa ini. Soekarno punya wawasan, tapi semua konsepnya dihancurkan oleh Soeharto dan antek-anteknya. Kemudian Orde Baru melahirkan Orde Baru Baru, tapi kekuasaan organisasinya masih tetap seperti sebelumnya dipegang oleh Soeharto. Itulah mengapa sampai sekarang tidak ada yang berani menuntut dia ke pengadilan. Soeharto sudah membangun sistemnya dengan prinsip-prinsip fasisme Jawa.

T: Indonesia selalu "bersaing" untuk memperebutkan tempat pertama sebagai negara paling korup di dunia. Kelihatannya korupsi sudah sangat mengakar di segala aspek kehidupan, termasuk di dalam struktur militer dan kepolisian, konglomerasi, hukum, media massa, partai politik,

*dan juga gerakan religius. Kelihatannya, kebanyak-
an masyarakat Indonesia tidak bisa melakukan
apapun tanpa harus menyogok seseorang.
Bagaimana hal ini bisa terjadi? Apakah akar
kleptokrasi ini?*

J: Mereka yang melakukan korupsi tidak punya
budaya berproduksi. Tidak punya karakter. Korupsi
sudah menjadi penyakit sosial. Di mana-mana
orang narik kutipan di sepanjang jalan. Itu
namanya mengemis paksa. Sangat memalukan.
Orang mengemis kalau tidak berhasil maka
mereka mengancam.

Kasus korupsi, bahkan yang sangat jelas-jelas
diketahui publik, sangat jarang sampai tuntas.
Coba lihat kasus Akbar Tanjung: apa yang terjadi
dengan uang Rp. 40 milyar rupiah yang dia
korupsi? Uangnya hilang begitu saja. Hebat, kan,
Indonesia? Dia bahkan mau mencalonkan diri
menjadi presiden!

*T: Setiap orang membicarakan pejabat yang
korupsi di masa pemerintahan Soeharto dan
pasca-Soeharto. Tapi siapa sebenarnya mereka,
apa latar belakang mereka?*

J: Dimulai dengan otaknya: Kaum elit dan
mereka yang mempunyai jabatan tinggi di
pemerintahan. Di Indonesia, birokrat bisa dianggap
mempunyai jabatan tinggi atau dianggap sebagai
sampah. Jadi, sekali lagi, dimulai dengan
bagaimana orang berpikir. Yang jelas otak mereka
itu semua sudah busuk. Korupsinya sendiri, kan,
hanya kebiasaan. Orang-orang ini tidak tahu
bagaimana caranya berproduksi. Sepanjang hidup

mereka hanya melaksanakan apa yang diperintahkan. Dan mereka ingin menjadi makmur tanpa harus bekerja keras. Di Indonesia hampir semua yang tidak berproduksi melakukan korupsi.

T: Pada zaman Soekarno juga ada korupsi, walaupun dalam skala yang relatif kecil. Tapi setelah tahun 1965 korupsi tampaknya menjadi hal yang biasa di Indonesia. Mengapa ini bisa terjadi?

J: Ya, itu memang benar, korupsi pada zaman Soekarno masih dalam skala yang sangat kecil. Pada zaman kediktatoran Soeharto, bangsa Indonesia tidak punya tujuan lagi sebagai bangsa, tidak ada lagi perjuangan nasional. Anda juga jangan lupa bahwa di zamannya, Soeharto adalah koruptor terbesar di Indonesia, dia dan anak-anaknya. Dan tidak pernah ada tuntutan terhadap dia dan keluarganya. Ini merupakan contoh yang jelas dari Jawanisme. Setelah dia kehilangan kekuasaannya, berjuta-juta orang memutuskan untuk mengikuti jejaknya. Logika mereka sangat primitif dan sederhana, kalau orang nomor satu saja bisa lepas dari tuntutan, mengapa mereka tidak boleh melakukannya?

Ketika Soekarno masih berkuasa, hampir semua orang bergabung dalam *nation and character building*. Untuk saya pribadi, konsep ini masih cocok untuk digunakan sebagai dasar pemikiran untuk memahami dunia. Hal ini tercermin di dalam semua karya saya.

T: Jadi, menurut Bung, korupsi yang merajalela ini diawali dengan pemimpinnya, yakni Soeharto sendiri?

J: Tentu saja. Kalau tidak, darimana dia bisa kaya-raya begitu? Sebelumnya dia kan hanya sersan KNIL[20] saja. Ketika Soekarno mengangkat dia untuk memimpin unit anti penyelundupan, malah dia sendiri yang menyelundupkan barang dari Indonesia ke Singapura. Fakta ini tercantum dalam surat dari Subandrio[21] ke Soekarno.

Pada awalnya memang Soekarno sayang pada Soeharto, karena dia ikut serta dalam pertempuran mempertahankan ibukota di Yogyakarta.[22] Ini terjadi di hari-hari perjuangan kemerdekaan. Soeharto mempergunakan simpati Soekarno ini untuk kepentingan dirinya sendiri.

---

[20] Koninklijk Nederlands-Indisch Leger (KNIL) atau Tentara Kerajaan Hindia-Belanda.

[21] Dr. Soebandrion adalah Menteri Luar Negeri semasa pemerintahan Soekarno.

[22] Pada awalnya Soekarno hormat kepada Soeharto karena jasanya memimpin "Serangan Oemoem 1 Maret 1949" di Yogyakarta. Seragan ini berlangsung beberapa jam, tapi cukup penting sebagai pesan bagi dunia luar bahwa Republik Indonesia masih ada walaupun Soekarno dan Hatta ditawan oleh Belanda. Hasilnya, PBB setuju untuk memasukkan kembali Indonesia ke dalam agendanya. Di masa Orde Baru, peristiwa ini diagung-agungkan, dan untuk itu dibangun monumen di Yogyakarta.

"Serangan Oemoem 1 Maret 1949" merupakan peristiwa yang controversial, karena peran Sri Sultan Hamengkubuwono IX tidak disebut-sebut oleh pendukung Soeharto, padahal serangan ini direncanakan oleh Sri Sultan, yang waktu itu menjabat menteri pertahanan. Soeharto hanyalah prajurit pelaksana di lapangan.

T: Mengapa kediktatoran Soeharto meng-hancurkan intelektualitas hampir semua bangsa Indonesia? Kelihatannya hampir separuh guru dibunuh dalam pembantaian 1965. Perusahaan film dan penerbitan ditutup, dan seniman dijebloskan ke dalam tahanan dan dibungkam. Soeharto, juntanya, dan apa yang disebut "elit" menganggap mereka yang berpendidikan dan kreatif sebagai musuh utama mereka. Rezim Soeharto tidak hanya menyiksa tubuh manusia, melainkan juga membunuh otak bangsa Indonesia.

J: Seperti yang saya bilang sebelumnya, Soeharto itu fasis. Senjata utamanya ketakutan. Bahkan pembunuhan dua juta orang setelah kudeta sebenarnya merupakan peringatan supaya bangsa ini ketakutan. Tujuannya, ya, untuk membungkam semua orang dan membuat semua orang bertekuk lutut di depannya. Dan memang tidak ada yang bercuit. Ya memang, harganya tinggi sekali, berjuta-juta orang, termasuk yang dikirim ke penjara, dan kalau masuk penjara

---

Sri Sultan mendengar dari radio luar negeri bahwa PBB akan mengadakan sidang. Untuk mengantisipasi sidang ini, dia berpikir, dunia luar perlu tahu bahwa Indonesia masih ada walaupun Belanda sudah menangkap presiden dan wakil presidennya. Dia merencanakan serangan ke Yogyakarta, yang waktu itu diduduki oleh Belanda, dan meminta Soeharto datang ke kraton Yogyakarta. Sebelum melancarkan serangan, Sri Sultan memberitahu Jendral Sudirman – waktu itu Panglima Besar TNI – dan dia setuju dengan rencana tersebut. (Tentang kontroversi ini, lihat, misalnya, tulisan Dr Asvi Warman Adam, "Pengadilan Sejarah Terhadap Soeharto(1)", Kamis, 22/08/02, 10.25, http://www.indonesia-house.org/archive /220802Asvi-soeharto1.htm).

keluarga mereka diintimidasi. Semua itu soal ketakutan...

T: Pemilihan umum kelihatannya hanya sandiwara saja. Kebanyakan orang yang kami temui, dari Jawa sampai Flores, tidak punya bayangan siapa yang harus dipilih, karena calon wakil rakyat tersebut bahkan tidak merasa perlu untuk menjalankan program-program politik. Sangat diragukan kalau mereka punya program, selain kepentingan diri dan partainya. Bagaimana pendapat Bung tentang sistem politik Indonesia sekarang ini?

J: Saya tidak percaya proses pemilu lagi. Tidak ada seorangpun calon presiden yang membicarakan hal yang memang benar-benar penting, dan tidak satupun yang punya wawasan ke-Indonesia-an.

T: Apakah ide-ide besar yang dulu direncanakan untuk Indonesia sudah benar-benar tidak ada lagi? Apakah Indonesia terpecah menjadi kelompok-kelompok kecil yang terdiri atas pemimpin yang tidak bertanggungjawab dan kelompok lain yang terbentuk dari 200 juta orang yang tertidur lelap.

J: Ya, sudah hilang semua, dan sekarang negara kepulauan Indonesia berada dalam kehancuran, mulai dari Aceh sampai Papua. Ribut di mana-mana.

Dulu Papua disebut dengan Irian, tapi ketika Gus Dur berkuasa, dia ubah menjadi Papua. Tahu apa singkatan dari Irian? Irian adalah singkatan

123

dari "Ini Republik Indonesia Anti-Nederland".

Timor Leste dan Aceh

T: Sekarang kita bicarakan tentang Timor Timur atau yang sekarang disebut Timor Leste. Bagaimana Bung melihat invasi dan pendudukan Timor Timur pada 1975 oleh militer Indonesia, di masa kediktatoran Soeharto? Invasi dan pendudukan ini sama dengan kudeta tahun 1965, diberi lampu hijau oleh Amerika Serikat, Australia, dan negara-negara Barat lainnya. Tidak diragukan bahwa pendudukan tersebut merupakan salah satu bentuk pergelaran kekejian yang memualkan pada abad ke-20. Sepertiga penduduk Timor Timur dibunuh. Militer Indonesia terlibat dalam pembunuhan massal, pemerkosaan, dan penyiksaan di mana-mana. Tidakkah amat memprihatinkan betapa publik Indonesia tidak tahu tentang kekejian ini, bahwa mereka masih mempercayai versi resmi pemerintah bahwa ini adalah perang biasa di mana "mereka bunuh kita dan kita bunuh mereka".

J: Sekali lagi saya katakan, pendudukan atas Timor Timur itu, kan, karena Soeharto memutuskan untuk melakukan invasi. Kalau Bung Karno kan jelas-jelas menolak usulan untuk masuk, karena menurut Bung Karno Indonesia adalah sekelompok pulau yang dulunya dijajah oleh Belanda, sementara Timor Timur dijajah oleh Portugis, untuk Soekarno ini masalah prinsip. Tapi Soeharto melihatnya sebagai wilayah yang lemah dan tidak akan bisa melawan, jadi mudah untuk diambil.

Pada saat saya masih di kamp di Buru, sering dikunjungi oleh para perwira. Seorang perwira dengan sombongnya mengatakan bahwa untuk menaklukkan Timor Timur cukup dalam waktu dua jam saja. Saya tertawa terbahak-bahak mendengarnya. Kelihatan sekali bahwa dia tidak sadar bahwa tidak akan mudah untuk melawan perlawanan rakyat yang dilakukan secara gerilya, akhirnya perang di sana berlangsung bertahun-tahun dan kita kalah!

Secara pribadi sudah sejak awal saya setuju bahwa Timor Timur melepaskan diri dan menjadi negara yang merdeka. Mereka punya pengalaman administrasi dan budaya yang berbeda dengan kita.

T: "50.000 orang atau mungkin 80.000 mungkin terbunuh selama perang di Timor Timur. Ini adalah perang... Apa sih yang diributkan?" Pernyataan ini dikeluarkan oleh Menteri Luar Negeri Adam Malik pada 30 Maret 1977. Hal ini menunjukkan sikap pemerintah terhadap pembantaian yang terjadi di koloninya. Apakah hal ini bagian budaya terror yang menjadi bagian kediktatoran Soeharto?

J: Ya. Soeharto lah yang bertanggungjawab atas pembunuhan di sana. Rakyat Indonesia selalu tidak mau belajar dari sejarah negerinya sendiri.

Kebiadaban yang satu diikuti dengan kebiadaban yang lain, sampai apa yang sekarang terjadi di Aceh. Saya harus katakan lagi bahwa Indonesia memang sedang dalam proses pembusukan.

T: Bagaimana militer sampai bisa membunuh 30 persen penduduk Timor Timur?

J: Mereka, kan, sudah berpengalaman dalam menghadapi rakyat yang tanpa senjata, terutama setelah apa yang terjadi di tahun 1965. Mereka tidak punya malu.

T: Apakah pendudukan Timor Timur ini merupakan kelanjutan budaya terror yang diawali tahun 1965, dan kemudian merembet ke Papua, Aceh, Ambon, dan Solo?

J: Ya. Tujuan adanya militer, kan, seharusnya untuk melawan musuh asing. Seharusya masalah dalam negeri diselesaikan oleh polisi. Tapi militer di Indonesia lebih banyak digunakan untuk melawan rakyatnya sendiri. Kalau ada musuh asing yang berniat berperang melawan negeri ini, mungkin mereka dapat menaklukkannya dalam beberapa hari, karena militer kita tidak akan mampu melawan mereka. Setelah berperang dengan orang yang tidak bersenjata di Indonesia, mereka meneruskannya dengan membunuh orang sipil yang tidak berdosa di Timor Timur. Ini masalah utama di sini: Militer kita punya prinsip yang berbeda dengan kita.

T: Bagaimana mungkin masyarakat Indonesia masih tidak tahu tentang apa yang terjadi di Timor

Timur?

J: Hal ini karena politik dalam *mass media* kita yang masih dikuasai oleh mereka yang berkuasa. Kalau mereka menyarakan hal yang berbeda dengan mereka yang berkuasa, maka mereka akan ditutup dan dilarang terbit. Sederhana saja.

T: Tapi ada satu daerah di Indonesia yang Bung kagumi...

J: Sepanjang pengetahuan saya, tidak seluruh bagian Indonesia berada dalam proses pembusukan, Aceh adalah pengecualian. Ketika Indonesia sudah dijajah selama 200 tahun, Aceh masih melakukan perlawanan terhadap mereka yang mencoba menjajah mereka. Mereka punya individualitas yang tinggi. Untuk menaklukkan Aceh, Belanda mengirimkan pembunuh-pembunuh bayaran dari Jawa, dan hal ini diteruskan sampai sekarang. Seharusnya orang Indonesia belajar dari orang Aceh, terutama spirit individualitasnya. Orang Aceh itu sangat berani dan mereka diajarkan untuk menjadi seperti itu oleh keluarganya. Bahkan perempuan juga ikut berjuang di Aceh. Pada masa penjajahan Belanda, seorang penduduk Aceh masuk ke dalam markas Belanda dan menghancurkannya. Hal ini tidak mungkin terjadi di Jawa. Menurut pendapat saya, Pemerintah Indonesia tidak akan bisa menyelesaikan kekacauan di Aceh, sama seperti mereka tidak bisa menyelesaikan kekacauan di Timor Timur. Karena itu saya menyarankan agar konflik ini dibawa ke Mahkamah Internasional untuk segera diselesaikan dan penjahat perang ini harus dibawa ke pengadilan. Tapi sampai sekarang tidak ada reaksi apa-apa.

KETERLIBATAN
AMERIKA SERIKAT

T: *Indonesia berhasil membantai jutaan*
penduduknya sendiri setelah kudeta 1965, di
Aceh, Papua, Ambon, dan lainnya. Di pihak lain,
Amerika Serikat tidak membantai penduduknya
sendiri secara besar-besaran, tapi biasanya ikut
membantu menghancurkan dan membantai
jutaan orang di negara lain, tergantung kebutuhan
ekonomi atau geopolitiknya. Menurut Bung, mana
yang lebih jelek dari keduanya?

J: Ya, sama jeleknya! (tertawa). Jangan lupa,
Amerika juga membantai penduduk aslinya, dan
setelah itu mungkin mereka pikir dunia di luar
mereka sebagai tanah Indian juga, jadi mereka
meneruskan kebijakannya.
Tapi kalau Soekarno tidak digulingkan oleh
Amerika, mungkin dunia sekarang ini akan sangat
berbeda. Sekarang kekacauan di mana-mana.
Meskipun secara pribadi saya banyak ditolong oleh
orang Amerika ketika saya berada di penjara dan
buku-buku saya dilarang diterbitkan di sini, tapi
kebijakan luar negeri Amerika minta ampun
jeleknya, sangat buruk akibatnya untuk dunia ini.
Sebagai contoh Irak, apa yang mereka lakukan di

sana? Mau menduduki negara itu? Dulu pada zaman Soekarno, Indonesia juga pernah dibom oleh Amerika di kepulauan Maluku, dari pangkalan mereka di Filipina.

T: Pihak Amerika mendapatkan semua yang mereka inginkan, yakni kontrak-kontrak besar untuk perusahaan multinasionalnya, yang dilakukan oleh Soeharto sendiri (tentu setelah memberikan sogokan-sogokan substansial), tenaga kerja yang patuh, dan masyarakat yang tidak berani berontak. Papua dan Aceh, daerah-daerah dengan kekayaan alam yang besar, telah ditindas secara brutal. Kemudian, utang luar negeri sebanyak miliaran dolar yang dipaksakan ke Indonesia – yang menghilang karena korupsi – mengukuhkan hilangnya kemerdekaan ekonomi Indonesia. Indonesia menjadi begitu anti komunis, sehingga bahkan kata-kata seperti kata "ateisme" dan "kelas" (merujuk pada kelas-kelas sosial) dilarang digunakan.

J: Perannya, ya, kasih dukungan dan kasih senjata! Negara-negara Barat ingin mengubah dunia, termasuk Indonesia, menjadi ladang dollar-nya. Dalam kenyataannya, hal ini sulit dilakukan karena adanya budaya korupsi di sini. Kaum elit kita tidak bisa dipercaya, jadi sebenarnya rencana mereka di sini gagal.

T: Apakah strategi yang digunakan untuk memastikan bahwa militer Indonesia bekerja-sama? Apakah ada pelatihan militer di Amerika Serikat?

J: Mereka melatih personel-personel militer Indonesia di Amerika. Mereka memasok senjata dan tentu saja banyak para petinggi militer juga diindoktrinasi dengan cara berpikir Amerika. Indoktrinasi itu sendiri memberikan dampak yang sangat luas kepada masyarakat kita, terutama sentimen anti-komunis yang diajarkan oleh Amerika. Cara indoktrinasi ini mereka gunakan di seluruh dunia, dan hal ini sangat tidak demokratis, walaupun mereka selalu berkata bahwa mereka adalah masyarakat yang demokratis. Setelah diindoktrinasi, militer kitalah yang melakukan pembantaian. Strategi Amerika memang cukup jitu: hanya militerlah yang bisa melaksanakan pembantaian secara besar-besaran seperti ini.

Tapi bagi mereka hal ini adalah hal yang biasa, bukan? Amerika biasa *nyerbu* negeri lain. Buat mereka tentu bukan masalah untuk menghancurkan satu atau dua negara.

T: Sampai seberapa jauh Amerika dapat dipersalahkan dalam pembantaian massal 1965-1966 di Indonesia?

J: Saya tidak tahu sampai seberapa jauh. Satu hal yang jelas sekali adalah bahwa Amerika tidak pernah menyalahkan pembunuhan massal yang terjadi. Tidak pernah! Bahkan media Barat menyambut dengan antusias. Saya rasa ada kerjasama antara militer Indonesia dan Amerika selama pembantaian itu, tapi saya tidak punya buktinya. Sekarang ini dokumen-dokumen mengenai hal ini sudah bisa dilihat, terutama di Belanda. Tapi menurut Anda sebelumnya, publik

Amerika banyak yang tidak tahu apa yang sebenarnya terjadi di sini dan bagaimana peran negara mereka dalam hal ini. Saya rasa hal ini biasa terjadi karena orang Amerika tidak pernah memperhatikan apa yang terjadi di luar negara mereka, mungkin karena mereka merasa lebih superior dari bangsa lain. Coba saja lihat apa yang terjadi di Irak, dan bukan tidak mungkin mereka akan melakukan invasi lagi ke negara lain dalam waktu dekat ini!

Tapi saya yakin bahwa masalah keterlibatan Amerika dalam kudeta tahun 1965 di Indonesia ini sudah ditulis oleh beberapa publikasi di Amerika. Buku saya juga sudah cukup terkenal di sana. Ironisnya, bahkan beberapa penerbit di Asia menolak untuk menerbitkan buku-buku saya di negerinya sampai sekarang. Tapi hal ini tidak pernah terjadi di Amerika, mereka selalu mau menerbitkan buku saya di sana. Saya tidak tahu apakah publik Amerika bisa menerima pandangan-pandangan saya atau tidak, tapi tahun ini buku saya *Cerita dari Blora* terbit di sana dan kelihatannya cukup laku.

T: Ada beberapa dokumen yang menunjukkan dan beberapa ilmuwan yang berpendapat bahwa militer Amerika dan Indonesia merencanakan bersama kudeta 1965...

J: Jangan lupa senjata Amerika yang paling ampuh adalah dollarnya. Dan jangan lupa pula bahwa Eisenhower, Presiden Amerika pada saat itu, memerintahkan untuk menyingkirkan Soekarno. Dia mengatakan hal ini dalam beberapa pidatonya. Dan CIA memperalat Soeharto untuk melaksanakan hal ini. Amerika punya pengaruh yang sangat besar terhadap militer Indonesia, dan kemudian pada Golkar. Walaupun pada saat itu kami sudah menjadi tahanan politik, kami selalu tahu bahwa Amerika pasti berada di belakang hal ini.

T: Kepentingan-kepentingan apa sajakah yang bermain? Mengapa Amerika Serikat sangat bersemangat membantu Soeharto?

J: Semua ini bisa terjadi karena mereka ingin menggulingkan Soekarno. Dalam masa Perang Dingin, Soekarno tidak mau berpihak pada Blok Barat, bahkan membina hubungan baik dengan komunis Tiongkok. Karenanya Soekarno dianggap sebagai musuh negara Barat dan harus disingkirkan. Seperti yang sudah saya katakan, bahkan Presiden Eisenhower tidak menutup-nutupi hal ini. Bayangkan, seorang presiden secara terbuka mengatakan bahwa seorang presiden dari negara lain perlu disingkirkan! Dan setelah keputusan diambil, cukup diserahkan kepada CIA untuk melaksanakannya. Jadi masalah utama di tahun 1965 adalah bagaimana dunia Barat menjatuhkan Soekarno.

Dan setelah hal ini dilaksanakan, semua pendukung Soekarno dikirim ke penjara atau dibunuh. Keterlibatan dunia Barat di Indonesia pada tahun 1965 berhubungan langsung dengan Perang Dingin. Yang sangat menderita tentu saja orang komunis. Saya juga dituduh komunis, walaupun hal ini sama sekali tidak benar. Saya memang pendukung Soekarno, tapi bukan komunis, ideologi saya Pramisme!

T: Apakah kekuatan sayap kanan dan militer di Indonesia dapat melakukan kudeta tanpa tekad Amerika untuk menjatuhkan Soekarno?

J: Saya rasa hampir tidak mungkin. Soekarno itu dicintai rakyatnya.

T: Sebelum 1965, apakah sudah terlihat keterlibatan Amerika dalam masalah-masalah di Indonesia?

J: Tentu saja! Amerika pernah menyerang wilayah Indonesia dari udara dengan pangkalan mereka di Filipina. Dan mereka tidak pernah minta maaf atas hal ini, sampai sekarang.

T: Daerah manakah yang dibom?

J: Kepulauan kita di utara dekat kepulauan Filipina.

T: Bagaimana reaksi pemerintah dan militer Indonesia? Apakah mereka berusaha mempertahankan daerahnya?

J: Pada saat misi pengeboman, Angkatan Bersenjata Indonesia berhasil menembak jatuh pesawat Amerika dan menyandera pilotnya, Allan Pope. Tapi para perwira Indonesia mendapatkan pelatihan di Amerika Serikat, jadi apa yang bisa diharapkan dari mereka? Tentu saja tidak terjadi apa-apa.

Saya kagum pada Ho Chi Minh. Dia memimpin

para petani untuk memberontak dan kemudian melakukan revolusi untuk menghalau Perancis dan Amerika dari negaranya. Amerika sangat marah ketika orang Vietnam memutuskan untuk melawan invasi mereka. Dan kemudian mereka berusaha agar Indonesia tidak menjadi seperti Vietnam. Itulah yang terjadi.

T: Apakah hal itu merupakan intimidasi ataukah mereka membom suatu target tertentu untuk alasan tertentu?

J: Pengeboman dilakukan untuk memberikan dukungan moral kepada rakyat Maluku yang mencoba untuk memisahkan diri dari Republik Indonesia. Kebanyakan rakyat Sulawesi dan Maluku beragama Kristen dan kelihatannya ada ikatan agama antara mereka dengan Amerika. Amerika punya sejarah permusuhan dengan Islam, anda bisa lihat sampai sekarang ini.

Seharusnya Amerika Serikat membantu kita dalam membangun demokrasi, bukannya memberikan pelajaran pahit yang kita tidak pernah minta dari mereka. Bagaimana mereka bisa membantu membangun demokrasi di negara lain? Pertama-tama mereka harus bertindak demokratis, harus memberikan contoh.

REKONSILIASI?

T: Sekitar satu juta sampai tiga juta orang terbunuh di Indonesia setelah 1965 karena pembantaian massal dan lain-lainnya. Para elit yang berkuasa sekarang menawarkan suatu proses rekonsiliasi, namun demikian mereka hanya mau melakukannya dengan syarat-syarat yang mereka tetapkan sendiri, karena dalam kenyataannya mereka tidak pernah kehilangan kekuasaan. Apakah mungkin mengadakan rekonsiliasi saat ini selama kebrutalan masa lalu belum diakui, sistem yang menjebloskan jutaan orang dalam tahanan dan kematian masih tetap berlangsung, sementara para korban belum pernah diberikan kompensasi apapun?

J: Rekonsiliasi di Indonesia menurut saya tidak mungkin dijalankan. Kayak dagelan saja mau rekonsiliasi. Itu namanya *bobodoran*! Banyak orang yang menjadi korban. Maunya pihak militer dan kaum elit adalah supaya tidak usah dibawa ke pengadilan, jadi tidak usah ada proses hukum. Kalau mereka mau rekonsiliasi, mengapa segala sesuatu yang pernah dirampas dari saya dan lainnya belum dikembalikan? Sampai sekarang rumah saya masih ada di tangan mereka. Rekonsiliasi macam apa yang mereka tawarkan?

Dalam kasus saya, mereka menghancurkan delapan naskah saya, dan hal ini, kan, tidak bisa dikembalikan. Seluruh negara tidak akan mampu mengembalikan naskah-naskah saya itu. Mau rekonsiliasi apa? Masalah utamanya adalah bahwa tidak ada satu orangpun yang mau bertanggung-jawab atas kebrutalan yang sudah dilakukan, termasuk Soeharto sendiri.

Saya menolak untuk membayar pajak di Indonesia sampai mereka memberikan kompensasi atas apa yang mereka rampas dari saya. Suatu ketika mereka memanggil saya ke kantor pajak dan saya katakan kepada mereka: "Kembalikan dulu apa yang kalian rampas dari saya, baru saya akan bayar pajak!"

T: Jadi bahkan sebelum menawarkan rekonsiliasi, paling tidak seharusnya mereka mengakui masa lalu dan kesalahan mereka, menyelenggarakan pengadilan yang sejati atas mereka yang bertanggungjawab terhadap pembunuhan dan pembantaian lain, dan meminta maaf kepada para korban?

J: Benar sekali. Yang paling penting adalah diadakan pengadilan. Dan kalau negeri ini tidak menggubris hukum, lebih baik bubar saja, lupakan saja soal rekonsiliasi! Bahkan pengadilan di negeri ini pun tidak bisa dipercaya. Semua rusak di negeri ini.

Coba lihat pengalaman saya sendiri. Anda sudah tau apa yang mereka lakukan kepada saya. Mereka merampas naskah-naskah yang sangat berarti bagi saya, kemudian buku-buku saya dilarang dan saya ditahan. Saya dikirim ke berbagai penjara, kamp kerja paksa, dan akhirnya mereka memberikan tahanan rumah. Semua itu dalam kurun waktu 34 tahun, dan semua tidak lewat pengadilan! Bagaimana mungkin mereka menawarkan rekonsiliasi, mengajak damai? Itu, kan, lelucon saja namanya. Untuk orang yang sudah dibunuh, bagaimana mau rekonsiliasi?

Mereka yang melakukan pembunuhan juga sekarang mengusulkan rekonsiliasi dengan para korban. Usulan ini juga datang dari orang-orang yang termasuk di dalam Nahdlatul Ulama.[23]

Orang Indonesia sekarang mengenal kata baru: hak-hak asasi manusia. Percaya atau tidak, ini adalah hal baru bagi orang Indonesia. Masih sangat baru sehingga yang membicarakannya baru di antara para intelektual saja. Mungkin mereka harus mengenal hal ini sehingga kita bisa mulai bicarakan tentang rekonsiliasi.

T: Baru-baru ini Gus Dur mengatakan pada kami bahwa dia sangat menghormasti Bung dan merencanakan untuk membuat yaasan dengan nama Bung. Yayasan ini dimaksudkan untuk membantu para korban 1965 dan keluarganya. Apakah Bung punya harapan bahwa hal ini dapat

---

[23] Nahdlatul Ulama adalah suatu organisasi Muslim, didirikan pada 31 Januari 1926. Pada akhir 1965 dimulailah kekerasan massa terhadap PKI. Di Jawa Barat dan Jawa Tengah, Angkatan Darat mulai menangkapi orang-orang komunis, tapi di desa-desa banyak berlangsung peristiwa main hakim sendiri. Di beberapa daerah, seperti di Jawa Timur, kelompok-kelompok Islam (seperti kelompok Anshor dari Nahdlatul Ulama) turut menggempur habis siapapun yang dianggap komunis.

membawa perubahan?

J: Sebagai mantan Ketua NU, Gus Dur ikut merasa berdosa atas apa yang terjadi di masa lalu. Dia merasa salah, walaupun secara pribadi dia tidak terlibat dalam pembunuhan-pembunuhan itu. Itu sih bagus-bagus saja, cuma masalahnya Gus Dur itu terlalu dekat dengan militer, karena dia masih membutuhkan dukungan politik dan perlindungan dari mereka sebelum pemilu. Paling tidak dia membutuhkan perlindungan. Semua politikus kita, kan, sangat oportunis.

T: Apakah Bung pernah berpikir untuk membawa militer atau pemerintah ke pengadilan? Bagaimanapun Bung punya kasus yang kuat untuk menuntut mereka: Penahanan ilegal dalam waktu yang lama, penghancuran naskah-naskah, dan penyitaan rumah Bung...

J: Saya sudah pernah lakukan itu sewaktu saya mencoba menuntut kembali rumah yang dirampas oleh militer. Tapi tidak ada hasilnya. Kasus saya waktu itu diikuti dengan teliti oleh sekitar 300 orang yang sudah siap untuk mengambil kembali harta milik mereka yang dulu dirampas kalau saya berhasil di pengadilan. Ke-300 orang ini hanya yang berasal dari Jakarta saja. Tapi ternyata saya gagal. Semua pendukung Soekarno mengalami hal yang sama. Siapa saja yang berani melawan militer akan dibungkam. Karena itu saya banyak bertingkah. Saya ingin mereka membawa saya ke pengadilan, tapi bahkan rencana ini gagal juga!

Tapi kalau menuntut militer atas semua yang

terjadi, ya, belum pernah. Karena hal ini terjadi pada semua pendukung Soekarno, bagaimana menuntutnya? Mana mungkin mengurus pengadilan untuk begitu banyak orang?

T: Berbicara mengenai harta Bung yang hilang, bukankan Bung bilang bahwa mereka juga membakar perpustakaan Bung?

J: Ya, benar. Mereka membakar perpustakaan saya serta semua dokumen yang ada. Pada saat itu belum ada mesin fotokopi, jadi semua naskah dan dokumen diketik. Semua hilang musnah.

REVOLUSI:
MASA DEPAN INDONESIA

T: Dapatkah Bung bayangkan seorang pemimpin yang layak dipilih dalam Pemilu Presiden mendatang?

J: Tidak ada satupun calon presiden yang punya wawasan ke-Indonesia-an. Apa yang bisa kita harapkan dari mereka? *Kayak* badut saja. Contohnya, hutan belantara Indonesia sekarang ini banyak dijarah orang, jutaan hektar sudah hancur, tapi apakah ada calon presiden yang membicarakan masalah ini? Kekayaan alam dari dasar lautan juga dicuri orang dan bahkan kita sekarag mengekspor pasir, sampai beberapa pulau hilang. Impor yang legal serta penyelundupan sudah merampas lapagan kerja dari berjuta-juta rakyat Indonesia. Semua sudah tidak bisa dikontrol lagi. Dan semakin jauh dari pusat pemerintahan, semakin kacau-balau. Tapi tidak ada satupun calon presiden yang membicarakan hal penting ini di dalam program-program mereka.

T: Apakah yang akan terjadi pada Indonesia kalau Jendral Wiranto terpilih menjadi presiden?

J: Mungkin saya bisa katakan hal ini sebelum saya jawab pertanyaan Anda. Untuk menjadi seorang presiden, dia haruslah punya wawasan dan prestasi individual. Kalau mereka tidak punya kedua hal tersebut, bagaimana dia bisa memimpin negeri ini? Bisa-bisa hanya jual tampang saja ke sana-ke sini, ke luar negeri atas biaya negara.

Kalau presiden terpilih nanti berasal dari militer, maka kondisi Indonesia akan makin tidak karuan, karena militer akan semakin kuat. Kalau militer yang terpilih, mungkin saya akan dimasukkan penjara lagi. Saya sudah kenal watak militer kita sejak zaman revolusi. Waktu itu pangkat saya letnan dua, jadi saya tahu bagaimana cara kerja mereka.

T: Apakah penting siapa yang menjadi Presiden Indonesia? Kelihatannya militer dan kaum elit masih mengontrol kehidupan politik di negeri kita. Apakah aka nada perbedaan kalau Megawati atau Susilo Bambang Yudhoyono yang bercokol di Istana Negara?

J: Memang tidak penting siapa yang jadi penguasa, kondisi Indonesia yang sudah sangat memprihatinkan ini tidak akan berubah.

T: Saya setuju. Tapi apa yang bisa mengubah situasi ini?

J: Hanya angkatan muda yang bisa menjawab pertanyaan ini, bukan saya. Tapi menurut pendapat saya, harus dengan revolusi. Harus revolusi. Sejak tahun 1915 sejarah Indonesia dibuat oleh angkatan muda. Saya sendiri sudah tidak bisa melakukan apa-apa lagi. Bisanya cuma bicara. Harus ada gerakan angkatan muda. Tapi saya lihat banyak dari mereka yang malah bisanya cuma pergi ke bank, cari kredit sepeda motor dan ngojek. Buat mereka, bukan hal penting kalau mereka tidak bisa berproduksi atau mengubah situasi, yang mereka inginkan hanyalah keluyuran dan mendapatkan uang dari situ. Sangat bertolak-belakang dengan yang terjadi di Cina. Di sana mereka tahu bagaimana memproduksi barang dan juga cara menjualnya. Kalau saya mejadi penguasa, saya akan segera terapkan kuota impor barang. Potong 50 persen impor sehingga akan ada lapangan kerja bagi rakyat Indonesia dan akhirnya mereka dipaksa untuk berproduksi.

T: Saya lihat Bung kurang mendukung kapitalisme gaya Indonesia? Kelihatannya sistem ini tidak cocok untuk negara ini, paling tidak untuk kebanyakan rakyat Indonesia.

J: Kapitalisme itu sama saja di manapun. Tujuan utamanya hanyalah mendapatkan keun-tungan sebesar-besarnya. Saya percaya pada hak setiap bangsa untuk menentukan arahnya sendiri, tapi hak tersebut pada kenyataannya tidak pernah dihormati. Segala sesuatu ditentukan oleh pengusaha-pengusaha besar, bahkan ke mana bangsa ini akan dibawa juga ditentukan oleh mereka.

T: Dapatkah situasi yang ada diubah tanpa revolusi?

J: Tidak bisa. Harus melalui revolusi. Revolusi adalah obat satu-satunya.

Setelah tahun 1965, yang ada hanyalah kehancuran demi kehancuran. Dan hal ini berlangsung, sampai sekarang. Sistem yang ada tidak bisa diperbaiki lagi, harus dirombak total. Pejabat pemerintahan langsung menjadi pencuri pada saat mereka diangkat. Hukum makin lama makin menjadi barang komoditas.

T: Pada saat meliput jatuhnya Soeharto pada 1998, saya bergabung bersama para mahasiswa di Universitas Trisakti. Satu hal yang cukup mengejutkan adalah bahwa mereka mengakui bahwa yang mereka lawan hanyalah pemerintahan Soeharto dan apa yang mereka sebut sebagai kroniisme, tidak melawan budaya yang terbelakang, struktur keluarga menindas, campur-tangan agama dalam kehidupan sehari-hari masyarakat Indonesia, bahkan juga tidak melawan sistem politik ataupun ekonomi. Sama sekali berbeda dengan yang terjadi di Paris atau Meksiko pada 1968, ketika mahasiswa memulai pemberontakan massal melawan keseluruhan sistem budaya, masyarakat, dan politik.

J: Ya, itu yang namanya reformasi, suatu usaha untuk mereformasi Orde Baru-nya Soeharto. Tapi mereformasi Orde Baru hanyalah mencipta-kan versi yang lebih baru dari sistem yang sama. Tidak ada hubungannya dengan revolusi yang sungguh-sungguh. Saya rasa anak-anak muda kita tidak tahu apa yang dimaksud dengan revolusi yang sungguh-sungguh. Gerakan-gerakan yang ada

setelah tahun 1998 hanya mencoba untuk me-
reform Orde Baru, yaitu sistem yang sama yang
menghancurkan Soekarno, yang membunuh jutaan
orang, dan yang menghentikan perkembangan
natural negara Indonesia.

*T: Bung Pram, apakah Bung seorang inter-
nasionalis? Apakah menurut Bung Indonesia akan
pernah melancarkan revolusi yang berhasil tanpa
bantuan pihak luar?*

J: Indonesia sudah berhasil melaksanakan
beberapa revolusi di masa lalu tanpa bantuan
pihak asing. Tapi dalam kehidupan bermasyarakat
sekarang ini, tidak ada satu negarapun yang bisa
menghindari adanya campur-tangan pihak asing,
dan melaksanakannya sendiri pasti akan lebih
sulit. Walaupun demikian, saya berpendapat
bahwa sebuah negara bisa melaksanakan revolusi
tanpa bantuan pihak manapun. Tergantung pada
kemampuan dan keteguhan negara tersebut.

Sebagai contoh kasus, negara tetangga kita,
termasuk Malaysia, memberikan lebih banyak
kerugian daripada bantuan. Mereka membantu
dalam menghancurkan hutan kita dengan pene-
bangan hutan yang illegal daripada membantu
dalam revolusi. Sewaktu ada pemberontakan
PRRI/Permesta, negara-negara tetangga kita
malah memberikan persenjataan kepada para
pemberontak. Itu sebabnya mengapa saya tidak
begitu mempercayai negara tetangga kita.

*T: Apakah Bung percaya pada organisasi atau
gerakan internasional? Apakah Bung mendukung
usaha-usaha yang dilakukan oleh World Social*

Forum?

J: Organisasi ini masih dalam taraf bicara, belum sampai bertindak. Mereka mempunyai tujuan yang baik, tapi apakah mereka sudah melakukan suatu hal yang konkret? Menurut pandangan saya, bahkan demonstrasi dan protes-protes yang dilakukan sekarang ini tidak lebih dari sekadar bicara saja.

T: Tapi tindakan konkret apa yang bisa dilakukan di Indonesia?

J: Revolusi yang bisa menyingkirkan tenaga-tenaga yang menghambat kemajuan Indonesia. Karenanya siapapun yang ingin menjadi presiden negara ini pertama-tama harus punya wawasan Ke-Indonesia-an. Tapi sekarang semua calon presiden hanya mengejar kepentingannya sendiri. Dan itu sebabnya mengapa Indonesia dalam keadaan yang sangat kacau-balau, tidak karuan. Semua berjalan liat. Kita tidak punya pemimpin yang dapat menunjukkan jalan yang harus ditempuh.

T: Kediktatoran Soeharto sangat dekat hubungannya dengan kediktatoran global. Seringkali disebut istilah "tatanan dunia baru" (new world order) atau "globalisasi". Apapun namanya, secara sederhana ini dapat dikatakan sebagai neo-kolonial global, di mana beberapa kekuatan ekonomi raksasa yang memegang kendali – kebanyakan dari mereka memiliki pengalaman yang panjang dalam hal intervensi di berbagai penjuru dunia. Sistem ini tidak akan membiarkan adanya pembangkangan, bahkan menghalalkan penghancuran atas bangsa apapun yang memutuskan berjalan sendiri yang mencoba membela kepentingan rakyatnya. Dalam sistem ini Indonesia telah menjadi korban sekaligus pelaku. Korban, karena sistem yang dimilikinya telah dihancurkan – sebagian dengan bantuan pihak luar – pada dan setelah 1965. Pelaku, karena kolonialisme Jawa itu sendiri, perlakuan yang sangat buruk terhadap daerah-daerah yang dijajahnya, termasuk Timor-Timur, Papua, dan Aceh. Apakah sistem ini, sistem global ini, dapat dilawan?

J: Segala sesuatu di sini sekarang diperintah oleh pencarian keuntungan. Ya, tentu saja kediktatoran ini merupakan bagian dari sistem global. Untuk melawannya, kita harus bisa mengorganisasikan perlawanan global. Sistem global harus dilawan dengan perlawanan global, dan kalau kita tidak bisa melawannya secara terbuka maka paling tidak kita harus bisa menjinakkannya dan membentuk sistem ini untuk kepentingan mayoritas rakyat dunia.

T: Tapi kembali ke pertanyaan semula, apakah Indonesia bisa memeranginya sendiri?

J: Indonesia bisa melaksanakan revolusinya sendiri, tapi untuk memerangi kediktatoran ekonomi dan politik global, kita perlu lakukan bersama bangsa lain. Tapi, sekali lagi, bagaimana kita bisa bersatu sebagai bangsa untuk memerangi kekuatan global kalau pemerintah dan elit kita tidak bisa dipercaya? Mereka hanya berpihak kepada yang bisa memberikan keuntungan buat diri mereka sendiri. Inilah kenyataannya Indonesia sekarang ini. Itu sebabnya kita harus jalankan revolusi kita sendiri dan setelah itu baru kita bisa bersatu dengan bangsa lain untuk perang secara global.

T: Jadi Bung melihat pemerintah dan elit di Indonesia ini sebagai kuli atau pembantu untuk kepentingan-kepentingan asing?

J: Ya, mereka, kan, hanya pesuruh saja. Dan sekarang Anda mengerti, kan, mengapa saya merasa kebakaran sendiri?

T: Indonesia sekarang ini semakin terpecah-belah. Jurang antara kaum elit yang berkuasa dan jutaan orang miskin dan kelaparan semakin lebar. Para pemimpin berada dalam dunianya sendiri dan tidak peduli dengan rakyat.

J: Secara geografis, sebagai negara Indonesia masih bersatu, tapi secara sosial memang terpecah-belah. Indonesia sekarang ini sedang sakit. Sakit parah, dan obatnya hanya satu: Revolusi. Soekarno sendiri bilang revolusi belum selesai. Saya tidak ingin dibilang menghasut, tapi kondisi Indonesia sekarang ini memang membutuhkan revolusi. Dan semua ini berada di tangan pemuda. Angkatan tua hanya menjadi beban kemajuan saja, termasuk saya barangkali... (tertawa).

T: Apakah ada contoh-contoh yang baik menurut Bung dalam hal struktur politik, sosial, dan ekonomi di dunia ini yang bisa dianut oleh

Indonesia?

J: Saya kira sulit untuk mengambil contoh yang baik, bahkan di Eropa. Lihat saja Jerman dengan Hitlernya, mereka berhasil membunuh jutaan orang. Jadi, bagaimana mau dijadikan contoh? Sebaliknya, pembunuhan massal di Eropa mendorong lahirnya sebuah negara baru yang diciptakan oleh Yahudi Eropa, yaitu negara Israel. Tapi coba lihat apa yang dilakukan Israel sekarang ini? Jadi biang-keladi juga sekarang.

Dalam hal sosial, saya rasa sistem di Eropa bisa dijadikan contoh untuk Indonesia.

Mungkin suatu hari nanti kita bisa menciptakan konsep kita sendiri, tapi sekarang ini negara kita masih tidak punya konsep yang kuat, kecuali patuh kepada kekuasaan. Semua konsep berasal dari Eropa atau lainnya, tidak ada yang berasal dari negeri sendiri. Saya tidak bangga dengan nenek-moyang kita. Semua berantakan. Itu sebabnya mengapa saya masih mengatakan lagi kepada angkatan muda untuk membentuk budaya baru dan lupakan budaya nenek-moyang kita. Memang menyakitkan, tapi saya tidak bermaksud menghasut.

T: *Setelah berbincang-bincang sekian hari dengan Bung, kelihatannya Bung tidak melihat solusi lain selain revolusi?*

J: Benar sekali, hanya revolusi. Itu obat satu-satunya. Dan saya harus mengatakannya lagi bahwa Indonesia sekarang ini dalam keadaan membusuk. Korupsi dan birokrasi di mana-mana, dan ini adalah dua sindrom utama dari penyakit

153

kita. Dalam hal ekonomi, hampir tidak ada produksi tapi kita punya konsumsi yang sangat besar. Keluarga tidak mengajari anak-anak mereka bagaimana berproduksi. Sebegitu buruknya sehingga hanya revolusi yang bisa menyelamatkan bangsa ini. Saya rasa, Indonesia sudah tidak bisa tertolong lagi, kecuali dengan melakukan perubahan yang radikal. Dan ini harus dipimpin oleh angkatan muda. Jangan banyak bicara. Harus langsung bertindak! Obatnya hanya revolusi, tidak ada yang lain.

T: *Tapi revolusi macam apa?*

J: Revolusi total!

T: *Apakah Indonesia harus mulai dari awal lagi, seperti yang dilakukan di tahun 1945?*

J: Ya, harus mulai dari awal. Sekarang sudah rusak sekali, reformasi apapun tidak akan berpengaruh. Apa yang bisa kita lakukan kalau kekuatan administrasi masih berada di tangan Golkar, dan kekuatan riil berada di tangan militer dan elit yang terus-menerus mencuri dan menjual apa yang masih ada di Indonesia? Apa yang bisa dilakukan? Jawabnya hanya satu: Revolusi Total!

SEBELUM BERPISAH

T: *Apa yang sudah berubah di dunia ini, bukan hanya di Indonesia tapi di sekelilingnya juga?*

J: Apa yang bisa saya katakan tentang dunia? Kita hampir tidak tahu apa-apa tentang dunia dan dunia tidak tahu tentang Indonesia. Di Asia Tenggara, Indonesia dikenal sebagai bangsa yang sakit dan stigma ini sulit dihilangkan. Sejak kecil saya sudah selalu memberikan yang terbaik untuk Indonesia, tapi inikah balasan Indonesia pada saya? Karya saya sudah diterjemahkan ke dalam 36 bahasa, tapi saya tidak pernah dihargai di dalam negeri Indonesia. Saya hanya dihargai di luar negeri tapi tidak di sini. Ketika saya berjuang melawan sistem ini, ironisnya Amerikalah yang memberikan penghargaan kepada saya. Kemudian memang saya menerima berbagai penghargaan dari negeri-negeri lain, tapi tidak pernah dari negeri sendiri.

T: *Berdasarkan apa yang baru saja Bung nyatakan, apakah Bung memutuskan tetap diam karena Bung merasa tidak ada lagi yang bisa dikatakan dan dituliskan, atau karena Bung merasa marah pada negeri ini dan budayanya?*

J: Jawabannya lebih sederhana. Saya benar-benar tidak bisa menulis lagi. Saya tahu batas kemampuan saya dan saya sudah harus berhenti di sini. Saya ingin berhenti bermimpi. Mungkin inilah tragedi menjadi tua ya... tapi saya tidak mengeluh, karena ketika masih muda saya tidak pernah berpikir bahwa saya akan mencapai usia ini. Pengalaman di Buru membuat saya seperti ini, tapi sekarang saya sudah lelah.

Saya hidup di dunia saya sendiri. Saya sudah tidak bisa berbuat apa-apa agi. Saya bisa bebas bicara hanya kalau ada teman yang mengunjungi saya. Tapi kalau saya berpikir tentang Indonesia, saya merasa kebakaran sendiri, dan hal ini tidak pernah hilang.

T: *Jadi Bung hidup terasing di negeri Bung sendiri?*

J: Ya, saya hidup di dunia saya sendiri. Di luar itu yang ada hanya korupsi. Satu-satunya pemimpin, Soekarno, sudah tidak ada lagi. Inilah balasan Indonesia pada saya. Negara yang dulu saya perjuangkan sekarang dalam proses pembusukan, jadi bagaimana saya tidak marah? Sangat bertolak-belakang dengan negara yang kami cita-citakan dahulu. Hari-hari ini semakin banyak memori yang kembali. Kebanyakan teman saya sudah tidak ada lagi. Saya teringat juga orang-orang yang dibunuh dan sungai-sungai penuh dengan mayat sehingga airnya menjadi merah karena darah. Bagaimana orang bisa membunuh sesamanya seperti itu? Saya tidak bisa bicara lagi soal hal ini. Terlalu emosional bagi saya.

SELESAI

INDEKS

J

K

TENTANG PENULIS

Andre Vltchek adalah seorang filsuf, novelis, pembuat film, wartawan investigasi, penyair, dramawan, dan fotografer. Andre adalah seorang revolusioner, internasionalis dan penjelajah dunia. Dalam semua karyanya, dia melawan imperialisme dan rezim Barat.

Andre telah meliput puluhan zona perang dan konflik, mulai dari Irak, Peru sampai ke Sri Lanka, Bosnia, Rwanda, Suriah, DR Kongo dan Timor-Leste.

Buku terbarunya 'Exposing Lies of the Empire', 'Fighting Against Western Imperialism' dan 'On Western Terrorism' dengan Noam Chomsky. Karyanya yang lain termasuk 'Western Terror: From Potosi to Baghdad', 'Indonesia: Archipelago of Fear' yang telah diterjemahkan ke dalam bahasa Indonesia dengan judul 'Indonesia: Untaian Ketakutan di Nusantara', 'The World Order and Revolution! – Essays from the Resistance' (dengan

Christopher Black dan Peter Koenig), 'Exile' (dengan Pramoedya Ananta Toer dan Rossie Indira) dan 'Oceania – Neocolonialism, Nukes & Bones'.

'Point of No Return' adalah novel pertamanya dalam bahasa Inggris.

Naskah dramanya: "Plays: 'Ghosts of Valparaiso' and 'Conversations with James'."

Pekerjaan investigasi Andre diterbitkan oleh berbagai media di seluruh dunia.

Andre memproduksi dan menyutradarai beberapa film dokumenter untuk teleSUR. Press TV telah menyiarkan film dokumenternya 'Rwanda Gambit' yang bertujuan membalikkan narasi resmi dari genosida tahun 1994, serta mengekspos penjarahan Rwanda dan Uganda dari DR Kongo atas nama imperialisme Barat. Film dokumenter lainnya termasuk 'Terlena – Breaking of a Nation' tentang pembantaian massal di Indonesia pada tahun 1965, dan 'One Flew Over Dadaab' tentang kamp pengungsi Somalia, Dadaab, di Kenya. Diskusi panjangnya dengan Noam Chomsky tentang situasi dunia saat ini sedang dibuat menjadi film.

Dia sering berbicara di berbagai pertemuan yang revolusioner, serta di berbagai universitas ternama di seluruh dunia.

Dia tinggal di Asia dan Timur Tengah.

Situsnya: http://andrevltchek.weebly.com/

Akun twitter-nya: @AndreVltchek.

Rossie Indira lahir dan besar di kota Bandung, Indonesia. Walaupun Rossie belajar arsitektur di ITB dan bisnis di IPPM, tetapi dia sangat suka *traveling* (jalan-jalan) dan menulis.

Bukunya yang berjudul '*Surat Dari Bude Ocie*' diterbitkan oleh Penerbit Kompas pada bulan Agustus 2010, dan sempat menjadi salah satu 'Buku Laris' pada bulan November 2010 di toko buku Gramedia.

Bersama Andre Vltchek, dia menulis sebuah buku perbincangan dengan penulis terkemuka Asia Tenggara Pramoedya Ananta Toer yang diberi judul '*Exile*' (diterjemahkan ke dalam bahasa Korea, Spanyol dan Bahasa Indonesia). Terjemahan dalam bahasa Indonesia diterbitkan oleh KPG (Kelompok Penerbit Gramedia) dengan judul '*Saya Terbakar Amarah Sendirian!*'

Sekarang ini dia sedang menyelesaikan catatan perjalanannya ke 10 negara di Asia Tenggara, '*Bude Ocie Keliling ASEAN*', yang akan diterbitkan oleh penerbit Badak Merah di tahun 2016.

Dia juga menjadi penterjemah dan manajer produksi dalam film dokumenter '*Terlena – Breaking of a Nation*' tentang genosida di Indonesia pada tahun 1965.

Rossie menulis untuk berbagai publikasi (dalam bahasa Inggris dan bahasa Indonesia), termasuk untuk China Daily Asia Weekly, Counterpunch, Koran Tempo, MORE Indonesia, Marie Claire Indonesia, Hariandetik.com, Inspirasi IR dan beberapa penerbitan lain.

Bersama beberapa kawan baiknya, Rossie meluncurkan penerbit BADAK MERAH, sebuah penerbitan yang progresif dan mandiri, dengan tujuan menerbitkan karya-karya yang kontroversial tapi diperlukan oleh bangsa Indonesia.

Situsnya: http://rossie-indira.weebly.com

Akun twitternya: @RossieIndira